Leigos e leigas em missão na paróquia

Pe. JOSÉ MARQUES DIAS, C.Ss.R.

Leigos e leigas em missão na paróquia

EDITORA
SANTUÁRIO

Direção editorial:
Pe. Fábio Evaristo R. Silva, C.Ss.R.

Coordenação editorial:
Ana Lúcia de Castro Leite

Diagramação e Capa:
Bruno Olivoto

ISBN 978-85-369-0550-1

2ª impressão

Todos os direitos reservados à **EDITORA SANTUÁRIO** – 2019

 Rua Pe. Claro Monteiro, 342 – 12570-000 – Aparecida-SP
Tel.: 12 3104-2000 – Televendas: 0800 - 16 00 04
www.editorasantuario.com.br
vendas@editorasantuario.com.br

ABREVIATURAS

EN	*Evangelii Nuntiandi*, Paulo VI, 1975
RMi	*Redemptoris Missio*, João Paulo II, 1990
DA	Documento de Aparecida, 2008
EG	*Evangelii Gaudium*, 2013
LS	*Laudato Si*
CNBB	Conferência Nacional dos Bispos do Brasil
LEMIPA	Leigos(as) em Missão na Paróquia
ANL	Ano Nacional Laicato 2018
CEBs	Comunidades Eclesiais de Base
FV	Fé e vida - Editora Santuário

PREFÁCIO

O Padre José Marques é um renomado redentorista, com farta experiência missionária e paroquial. Seu livro "Leigos e Leigas em Missão na Paróquia" vem ao encontro das orientações do Papa Francisco para "uma Igreja em saída" e da V Conferência do Episcopado Latino-Americano e Caribenho, em Aparecida: "por uma paróquia missionária e uma conversão pastoral".

O livro do Pe. José Marques promete muito, porque enfoca a ação missionária dos leigos e leigas na realidade paroquial, visando também a formação de lideranças. Tudo isso só pode vir em proveito do laicato e das paróquias. O livro vem em boa hora, por sua profundidade e praticidade.

O autor oferece aos cristãos leigos e leigas sugestões pastorais, bíblicas, litúrgicas, e orienta as lideranças sobre como trabalhar em equipe, como envolver os jovens, como realizar a prática do lazer, como unir mística e missão. De fato, a oração é o pulmão da missão.

Todas as forças vivas da ação pastoral paroquial são contempladas no livro, a saber: a família, as crianças, os jovens, os doentes, os idosos, os párocos. Como um livro é um bom amigo, um bom companheiro, um bom mestre, sou grato ao Pe. Marques por oferecer aos leigos e leigas, enfim, a todos nós, um presente valioso no **Ano do Laicato**.

Vamos, depois de ler, aprender e divulgar esta obra que nos é oferecida para o aumento do ardor missionário, da valorização do laicato, da conversão pastoral e da renovação paroquial, em nossos dias e no contexto de um mundo globalmente urbano. A evangelização do mundo urbano é uma urgência urgentíssima, um apelo do Papa Francisco e dos Bispos do Brasil.

Parabéns, Pe. José Marques, e obrigado a você leitor pela divulgação desta obra escrita com sabedoria, experiência e competência.

Dom Orlando Brandes
Arcebispo de Aparecida

APRESENTAÇÃO

L*eigos e Leigas em Missão na Paróquia* está sendo publicado em hora e vez muito apropriadas.
A Igreja do Papa Francisco propõe-se no momento presente viver com intensidade as dimensões de participação de todo o Povo de Deus na ação evangelizadora para a qual ela existe. Isso nos convoca a ver o leigo em sua pertença eclesial de comunhão e participação ativa como evangelizador missionário. Com este livro Pe. José Marques oferece um roteiro prático e eficiente para a realização de uma missão de leigos na paróquia.

Nós, os mais antigos e de cabelos brancos, tivemos oportunidade de viver em nossa juventude um modelo pastoral em que toda atividade missionária estava reservada unicamente aos padres e bispos. Os modelos de Igreja e de ação pastoral daqueles tempos eram inteiramente clericais e masculinizados. Vigorava um desenho piramidal de Igreja. Nele os leigos permaneciam submissos, obedientes e silenciosos na base da pirâmide, enquanto o clero, a meia altura, se reservava todo o direito às decisões, celebrações e execuções.

O Concílio Vaticano II promoveu uma reviravolta nisso tudo. Ele nos apresenta a Igreja como Povo de Deus no qual todos, a partir do sacramento do batismo, inclusive os leigos e leigas, têm o dever vocacional de anunciar a vivência do Evangelho de

Jesus Cristo ao mundo todo. *"Porque o Evangelho não pode ser fixado na índole, na vida e no trabalho dum povo, sem a ativa presença dos leigos"* (Ad Gentes, 938). Está claro aí, o leigo deve ser um sujeito ativo na missão da Igreja. Poderíamos lembrar algumas dezenas de passagens conciliares semelhantes a esta.

O Documento de Aparecida, escrito no Brasil já mais de dez anos pelos bispos da América Latina e Caribe, lembra com muita força que todas as paróquias devem abandonar seu fechamento em si mesmas e fazer-se missionárias e que todos os cristãos são missionários, não apenas os padres.

E agora em 2018 estamos celebrando o Ano Nacional do Laicato.

Pe. Marques tem muita competência para publicar seu livro nesta hora. Ao longo de sua vida de membro das equipes missionárias redentoristas e, em seguida, de suas atividades como vigário paroquial, ele consolidou um conjunto de experiências pastorais muito sólidas. Com seu livro ele partilha generosamente o que ele mesmo tem feito.

Neste livro estão desenvolvidas reflexões teológicas e pastorais que alicerçam todas as práticas missionárias e todas as celebrações, que de maneira muito dinâmica e eficiente ele nos oferece. As missões leigas que já foram realizadas segundo este roteiro foram sinais vivos da ação redentora de Jesus Cristo nas paróquias. Os leigos e leigas que nelas atuaram sentiram-se abençoados e gratificados com a oportunidade de viver, em comunhão plena de frutos, sua vocação missionária leiga.

O que vai comunicado nesta obra, de pequeno volume e grande conteúdo, já foi testado nas missões leigas pastorais que Pe. Marques fez acontecer em mais de uma paróquia. E com notáveis resultados. Completando seu escrito, o autor desenvolve reflexões muito consistentes para os próprios padres que irão organizar missões leigas.

Vale a pena ler. Vale mais a pena fazer acontecer uma Missão leiga em sua paróquia. Muito êxito também para você, caro leitor!

Pe. Victor Hugo S. Lapenta, C.Ss.R.

PALAVRA DO AUTOR

A finalidade deste livro é apresentar como se organiza a evangelização dos *Leigas e Leigas em Missão na Paróquia*. "Ai de mim, se não anunciar o Evangelho", ressalta Paulo em 1Cor 9,16. Ora o apelo de Paulo é hoje o **apelo urgente e necessário** para toda a Igreja. E Jesus pediu: "Sejam minhas testemunhas até o fim do mundo", pois eu "estarei convosco todos os dias". Ora para ser discípulo e testemunha é preciso, antes, sentir o chamado e conviver com Jesus, deixando-se cativar por Ele; o Pai, que chama, atrai e envia.

Também o Papa Francisco, com a "A alegria de evangelizar", quer pôr toda a Igreja em atitude missionária e de "saída". Ora, "Leigos e leigas em Missão na paróquia" quer ser uma resposta a esse apelo.

Com o livro, desejamos **orientar e facilitar para os padres e leigos(as)** a concretização das *Missões Paroquiais com Leigos* em sua paróquia ou comunidade. Pois os *Leigos(as) em Missão na Paróquia* precisarão de um trabalho de visitação, de aprofundamento e de celebrações comunitárias. É um método que já foi testado em várias paróquias e nos ajudará a vencer dois grandes desafios, que, como Igreja, temos pela frente: o **Ano do Laicato** e o **Mês Missionário extraordinário**, em 2019.

1º *O Ano do Laicato* é um desafio que nos ensinou que a primeira coisa a se resgatar é uma Igreja paroquial mais participativa, pelo **protagonismo dos Cristãos Leigos e Leigas**. E, depois, lembrar o **protagonismo das CEBs**, com efetiva presença nas periferias das cidades, nas lutas empreendidas nos assentamentos, territórios dos povos indígenas e Comunidades tradicionais. Para isso precisamos de leigos bem formados, animados pela fé cristã *e com visão apostólica do futuro*, e não fechados na pequenez da vida.

2º **O Mês Missionário Extraordinário** é uma grata proposta do Papa Francisco, que no dia em que a Igreja celebrava a *Jornada Missionária Mundial*, em 2017, propôs celebrar um Mês Missionário Extraordinário, em outubro de 2019, com o objetivo de *"alimentar o ardor da atividade evangelizadora da Igreja"*. Mas como se dará? E quem está preparado? Este livro quer ser *uma luz e ajuda*.

Depois de meus livros a *"Paróquia Missionária"* e as *"Missões Leigas"*, que se complementam, este livro é fundamentalmente sobre a pastoral missionária, ou seja como as Missões Leigas podem ser realizadas; e uma coisa muito importante, eu quis também abordar os principais assuntos para a *formação missionária dos nossos Leigos e as Leigas* em vista da Evangelização. São como um "curso missionário" com temas atualíssimos, que orientarão nossos missionários Leigos(as).

Jesus, o missionário do Pai e modelo de todos, gastou três anos, preparando, orientando e animando seus discípulos missionários, depois de os ter escolhido.

O Papa Francisco também ensina que "precisamos de Leigos(as) bem formados e animados pela fé cristã".

O livro contém

Uma primeira parte apresenta três **Assuntos Urgentes:** para fundamentar teologicamente os *Leigas e Leigas em Missão na Paróquia*:

1. O Ano do Laicato.
2. Mês Missionário Extraordinário em 2019.
3. Projeto Missionário na Igreja.

Na segunda parte do livro, encontram-se **Organização da Missão, Equipes e procedimentos necessários** para a realização dos *Leigos e leigas em Missão na Paróquia*.

Na terceira parte, temos o conjunto da **Liturgia na Missão: *Missas, Celebrações, etc.***, que vão acontecer durante as Missões.

Na quarta parte, por último, há artigos para o **Aprofundamento Missionário**.
A Evangelização na Igreja;
A Liderança na Comunidade;
Breve História das Missões Cristãs;
Maria, Mãe e Missionária;
Párocos mais Missionários.

Por fim gostaria de manifestar minha gratidão e meu muito obrigado a D. Orlando Brandes, nosso Arcebispo de Aparecida, pelo prefácio, e ao Pe. Victor Hugo S. Lapenta, redentorista, teólogo e psicanalista, por ter feito a apresentação deste livro.

Pretendo, assim, ajudar nossos Párocos e as lideranças paroquiais na realização das "Missões Leigas" em sua paróquia.

Primeira Parte

ASSUNTOS URGENTES PARA AS MISSÕES

Assuntos Urgentes:
1- Ano do Laicato.
2- Mês missionário.
3- Projeto Missionário da Igreja.

Depois do Concílio Vaticano II e do Documento de Aparecida, em 2007, e sobretudo com o Papa Francisco na *"Evangelii Gaudium"*, esses assuntos são prioritários e atualíssimos.

ASSUNTOS URGENTES PARA AS MISSÕES

1. Ano do Laicato
2. Mês Missionário
3. Projeto Missionário da Igreja

1

ANO DO LAICATO:
A IMPORTÂNCIA DOS LEIGOS E LEIGAS

O **Ano Nacional do Laicato**, em todas as ***Dioceses do Brasil***, foi fruto da decisão da Assembleia Geral Ordinária dos Bispos, realizada em abril de 2016. Ocorreu de 26 de novembro de 2017 a novembro de 2018.

O **Ano Nacional do Laicato** objetivou valorizar a **presença e organização dos Cristãos Leigos e Leigas na Igreja e na sociedade,** aprofundando **sua identidade e missão, espiritualidade e vocação,** estimulando **o testemunho de Jesus Cristo** e seu reino **na sociedade.**

Teve como Tema: **"Cristãos Leigos e Leigas, sujeitos na 'Igreja em saída', a serviço do Reino"**. E como Lema: **"Sal da Terra e Luz do Mundo"** (Mt 5,13.14).

O presidente da ***Comissão Episcopal Especial para o Ano do Laicato,*** dom **Severino Clasen**, bispo de Caçador (SC), frisou que este ano traz um legado para a ***Igreja missionária autêntica***, com maior entusiasmo dos cristãos ***leigos e leigas*** na vida eclesial e também na busca da transformação da sociedade. Afirmou "eu acredito, que se conseguirmos estimular a participação e presença efetiva dos cristãos leigos na sociedade, provocando que aconteçam a justiça e a paz, será um grande legado". Pretendeu-se também "dinamizar o estudo e a prática do documento 105: 'Cristãos leigos e leigas na Igreja e na Sociedade'".

Um ano voltado para a importância do laicato, como um momento de **avanço pastoral**; pois a eclesiologia proposta pelo Concílio **Vaticano II** já colocava o **laicato como sujeito ativo da evangelização**.

A) Algumas considerações

– A Igreja pretende mudar a mentalidade de que os *Leigos são cristãos de segunda classe*.

– S. Pio X, em 1906, dizia que "a Igreja é uma sociedade formada por **duas categorias de pessoas: os Pastores e o Rebanho**". E um padre relatou em conversa recente com um bispo que lhe descreveu a Igreja assim: "O coração e os pulmões da Igreja são os bispos; os padres são as pernas; e os leigos, as unhas, que precisamos cortar de tempos em tempos..."

– Viver o **Ano do Laicato** significou *enfrentar o desafio do* **clericalismo**.

– O teólogo e biblista Francisco Orofino afirma "é inegável que houve substanciais avanços no protagonismo dos leigos dentro da vida eclesial. A formação teológica deixou de ser monopólio clerical, surgiram *os ministérios, novas formas de organização e nas responsabilidades pastorais*. Também é certo que qualquer surto de reclericalização acontece em detrimento das conquistas leigas na vida da Igreja".

– Já o teólogo César Kuzma afirma que "a Igreja continua de portas fechadas". Ele foi contundente e realista ao afirmar: "Os **leigos** devem se afastar deste modelo estrutural e buscar novos caminhos, novas maneiras de viver a fé, dentro do chamado que é próprio da sua vocação, que é o mundo secular e as grandes causas da humanidade".

– O teólogo Italiano, *Marco Vergottini*, em seu novo livro "*Il Cristiano testimone*" acentua que o cristão leigo deveria chamar-se "**cristão testemunha**" e não *cristão leigo*.

– Em sua Carta ao cardeal Marc Ouellet, de março de 2016, o **papa Francisco** recordou a famosa frase: "'Chegou a hora dos leigos!', mas parece que o relógio parou!" O que se espera de um Ano do Laicato é que o relógio seja colocado de novo em movimento.

E o Papa lembra mais. O **clericalismo** é uma doença que impede a Igreja de ser serviço e, com isso, inibe as demais vocações, **sobretudo os leigos**, de assumirem seu papel, sua missão dentro do corpo eclesial e também na sociedade. Há várias causas, mas uma delas é certa passividade do próprio *laicato*. O caminho é retomar à *originalidade do **cristianismo***; pois a Igreja **é de todos**, e não só do clero; e todos **somos um** em **Cristo Jesus**.

O que significa **ser discípulo missionário, hoje**?

Será que há alguma mudança?... Há raras exceções. "Continuamos com as mesmas **estruturas e linhas de ação**, seguimos com os mesmos planos e projetos pastorais, a mesma insistência na formação clerical dos nossos seminaristas e na pouca valorização da formação laical." E mais, "se não mudarmos algumas estruturas, não conseguiremos mudar certas mentalidades", afirma César Kuzma.

B) Motivações

1. A **CNBB** quis realçar a concepção de uma ***Igreja, Povo de Deus***, com inspiração no Concílio Vaticano II, e quis resgatar a *graça batismal* em sua tripla missão: *profética, real e sacerdotal*. A Igreja quer uma maior maturidade e autonomia dos batizados – não ordenados – frente ao desafio de fermentar o Reinado de Deus em uma sociedade que despreza a vida, tanto humana como do conjunto da Natureza, em função do dinheiro e do lucro.

2. O **Papa Francisco** ensinou que "o **Concílio Vaticano II** não olha os leigos como se fossem membros de segunda categoria, a serviço da hierarquia e simples executores de ordens provenientes do alto, mas como discípulos de Cristo que, através do Batismo e sua inserção no mundo, são chamados a animar todo ambiente, atividade e relação humana, segundo o espírito do Evangelho... Ninguém, melhor que os leigos pode desempenhar a tarefa essencial de inscrever a lei divina na vida da cidade terrena".

3. E o Papa Francisco quer mais: um **laicato em saída**, como ensina na exortação "*Alegria do Evangelho*" e na encíclica "Laudato Si", sobre o cuidado com a Casa Comum; e lança um olhar para os que se encontram "distantes" do nosso mundo, às tantas famílias em dificuldade e necessitadas de misericórdia, aos campos de apostolado ainda inexplorados, e aos numerosos leigos, que devem ser envolvidos e valorizados pelas instituições eclesiais.

E ensinou mais: **precisamos de leigos bem formados, animados pela fé cristã, que "sujem suas mãos"** e não tenham medo de errar, mas que prossigam adiante.

Precisamos de **leigos com visão do futuro** e não fechados nas pequenezas da vida, mas experientes **e com novas visões apostólicas.**

C) Desafios do ano do laicato

1. O primeiro é resgatar o ***protagonismo dos Cristãos Leigos e Leigas*** numa Igreja paroquial concentrada no poder hierárquico e clerical. É, portanto, um forte apelo à conversão.

2. Outro desafio é resgatar o ***protagonismo das CEBs***, com efetiva presença nas periferias das cidades, nas lutas empreendidas nos assentamentos, territórios dos *Povos Indígenas e Comunidades tradicionais*.

3. Outro desafio é para que cada diocese no País elabore um **Plano de Formação para o Laicato**, que contemple formação básica para todas as mulheres e homens que exerçam um serviço na Igreja ou na sociedade; formação teológico-pastoral para as lideranças.

4. Outro o campo exigente são as **Pastorais Sociais**, capazes de responder às demandas, principalmente urbanas; a participação efetiva nos conselhos de políticas públicas; e formações específicas, como **Escolas de Fé e Política** para que Cristãos leigos e leigas atuem em Conselhos, Grupos de Acompanhamento ao Legislativo, movimentos sociais e partidos políticos.

5. Criação e fortalecimento de iniciativas de *acompanhamento dos **poderes legislativos*** – municipais, estaduais e federal.

6. **E o maior**: a mobilização geral para realização da **Auditoria da Dívida Pública brasileira**, visando aplicação dos recursos do Orçamento Federal em políticas públicas direcionadas aos mais empobrecidos e excluídos da sociedade. Auditoria prevista nas Disposições Transitórias da **Constituição Federal** de 1988; é tema interditado pela grande mídia brasileira e atinge o cerne da desigualdade social, visto que sangra quase metade do Orçamento Público federal para rolar uma dívida que enriquece os bancos e impõe pesadas restrições ao financiamento das políticas sociais.

D) Conclusões finais

– Esta agenda atraente da CNBB pretende provocar **o protagonismo dos *Cristãos Leigos e Leigas***, apoiados pelos ministérios existentes na Igreja, e conseguir uma mobilização da sociedade brasileira para o resgate da democracia rompida em 2016, e que mostre a urgência de um novo **Projeto Popular para o Brasil**.

– Aumentar, dinamizar e **apoiar os ministérios paroquiais**. Devemos agradecer muito os nossos catequistas, ministros da eucaristia, ministros da Palavra, pastoral da saúde, pastoral da família, pastoral do canto e sobretudo aos *nossos esforçados* **Diáconos**. Não seria melhor promover os ministérios diaconais, temporários, ou partir logo para o ministério diaconal perpétuo?!

– É bem-vindo o Ano do Laicato e oxalá aprendamos a trabalhar em comunidade e com mais **espaços de comunhão e participação**! O que seria dos padres sem esse imenso contingente de leigos?! Não é fácil trabalhar em comunidade e com certas lideranças!

– *E os movimentos* **carismáticos?** Há uma contradição entre o protagonismo leigo, e ao mesmo tempo, uma submissão exagerada à hierarquia. Se a liturgia dos Carismáticos é algo aberto e festivo, numa linguagem que comove e encanta muitos, por outro lado, encontramos uma submissão cada vez maior à hierarquia e uma demasiada *clericalização dos ministérios*.

– Sem dúvida, este é um momento muito especial na Igreja do Brasil e **sobretudo para nós Redentoristas**: *Missionários da Copiosa Redenção*. Aproveito para dar todo o meu apoio a esses cristãos corajosos, que sempre me ensinaram a ser Missionário e Padre, nestes anos de meu apostolado; e agradecer a todos que lutaram ao meu lado, tanto na Paróquia como nas Missões.

– No Santuário Nacional de Aparecida, são mais de 400 os Ministros da Eucaristia e mais de 300 os Leitores.

– Infelizmente ainda tem muito católico com medo do padre; e ainda tem muito padre que se acha dono da paróquia e do Espírito Santo.

– Esquecem que *sem a comunidade* nós, os padres, não somos nada, e a Eucaristia deve ser o *maior sinal de união e de coragem evangelizadora*. Na assembleia eucarística todos somos *concelebrantes*.

2
MÊS MISSIONÁRIO EXTRAORDINÁRIO EM OUTUBRO DE 2019

Foi o Papa Francisco que convocou este "**Mês Missionário Extraordinário**" para outubro de 2019. E ele mesmo já comunicou qual será o **TEMA**:

"Batizados e enviados: a Igreja de Cristo em missão no mundo".

Em carta, enviada aos bispos, a Congregação para a Evangelização dos Povos deu indicações para viver este evento eclesial.

As propostas da Congregação para a Evangelização dos Povos e a Pontifícias Obras Missionárias são inspiração para a criatividade das Igrejas locais, que acompanharão a Igreja universal.

01. Organizar uma **celebração diocesana ou nacional para a abertura** do Extraordinário Mês Missionário de outubro de 2019.

02. Celebrar a **Vigília Missionária** com o tema proposto pelo Santo Padre;

03. Propor uma **celebração eucarística em âmbito diocesano para o domingo do Dia Missionário Mundial**;

04. Propor que **pequenos grupos de pessoas ou famílias se reúnam pelas casas para rezar** o Santo Rosário com intenções missionárias, inspirados na intuição original da Venerável Pauline Jaricot, fundadora da Pontifícia Obra Missionária da Propagação da Fé;

05. Promover uma **peregrinação mariana ou a um santuário**, memória de santos ou mártires da missão;

06. Promover coleções de **ofertas e doações econômicas para apoiar o trabalho apostólico, 'Missio ad gentes' e a formação missionária;**

07. Propor aos **jovens uma atividade pública de anúncio do Evangelho;**

08. Organizar uma **celebração diocesana ou nacional para o Encerramento** do Mês Missionário Extraordinário de outubro de 2019.

Vendo essa programação quero dizer da minha alegria ao ver o tema geral **"Batizados e enviados: a Igreja de Cristo em Missão no mundo"**. E ao mesmo tempo ver os vários passos que podem ser dados para realizar este projeto: Há encontros de massa e encontros de âmbito pessoal, de âmbito de interioridade e de doação; e especialmente um trabalho concreto com **os Jovens**.

Vejo isto como uma grande **proposta** a ser executada tanto em âmbito paroquial, como em toda uma diocese. Gostei. Aprendi que devemos sempre buscar novos e marcantes caminhos para a pastoral missionária de hoje. Obrigado, Papa Francisco.

3

PROJETO MISSIONÁRIO DA IGREJA

A) Clareando conceitos

Podemos definir o **leigo** como o fiel cristão que é chamado por Deus pelo sacramento do batismo para ser fermento de santificação própria e dos demais, no mundo.

Falando de outro modo, diria que *o leigo e a leiga são membros do Povo de Deus, batizados e comprometidos com a missão da Igreja*. Eles não receberam o sacramento da ordem, por isso não pertencem ao clero, à hierarquia. Ele e ela têm a missão própria de ser presença cristã evangelizadora no meio da família, da sociedade humana e do mundo. Os leigos são 99% dos nossos católicos. Nem sempre esteve muito claro para todos que os leigos e as leigas têm missões próprias dentro da Igreja e do mundo. Hoje, temos consciência de que todo *cristão deve ser discípulo missionário*, como ensina o Documento de Aparecida (DA).

Sendo eles e elas membros do Povo de Deus, quando falamos de leigos, em primeiro lugar queremos falar de nossas lideranças leigas que assumem as várias pastorais e movimentos dentro de nossas paróquias e comunidades. Mas leigos são também todos os que se dizem católicos, por que batizados, tendo ou não a consciência de pertencer a uma comunidade e com ela ser mais ou menos comprometidos.

– **Missão** quer dizer, encargo, incumbência; é uma função específica que se confere a alguém; é um compromisso, um dever, uma obrigação a executar.

A palavra **Missão** pressupõe:
– alguém que envia,
– uma pessoa ou pessoas enviadas,
– as pessoas para quem as pessoas são enviadas,
– e qual sua responsabilidade.

– **Há Missões e missões**. *Há alguém que envia*: enviado do Pai, Jesus veio ao mundo, na força do Espírito Santo e *veio com uma incumbência*: a missão de plantar o Reino de Deus e fazer com que a humanidade possa viver melhor e mais unida. *Veio para quem?* Para toda a humanidade e toda a "criação".

– Cada ser humano nasce com uma *missão e não* com um "destino". Deus não nos criou à toa. A cada um, deu o dom da vida e talentos para realizar sua parte no projeto de Deus. Isso vale até para os que nunca ouviram falar de Jesus Cristo. Com o batismo, começa o projeto cristão.

– **Missões Cristãs:** são o anúncio do Evangelho de Jesus Cristo com seus conteúdos centrais, experiências e realizações; começadas com seus apóstolos, as missões continuam a Missão de Jesus Cristo. – No fim de sua vida, Cristo deixou-nos no Evangelho uma missão para todos os cristãos: "Ide, pois, fazer discípulos entre todas as nações, e batizai-os em nome do Pai, do Filho e do Espírito Santo" (Mt 28,19 e Mc 16).

– As missões leigas podem ser paroquiais ou itinerantes, como as dos institutos religiosos, por exemplo, as que os redentoristas e os missionários leigos que integram suas equipes realizam, ou até mesmo as missões para os não cristãos, como os indígenas e outros países ou continentes. Os missionários leigos podem ser atuantes em todas elas. Este livro foi escrito para as *Missões Leigas Paroquiais*.

– **Leigos e leigas em Missão na Paróquia** é um novo modo de evangelizar a comunidade local, por meio de visitas, celebrações e compromissos comunitários para envolver todas as pessoas de boa vontade. Este livro é um subsídio precioso e fruto da experiência do trabalho realizado já em *várias paróquias*. Queremos abrir espaços e incentivar os leigos e leigas para que se animem a ser Missionários da Nova Evangelização numa paróquia, seguindo os caminhos do Documento de Aparecida (2007) e, agora, do Papa Francisco, para criarmos a **Paróquia em Missão permanente**.

Os cristãos que integram a equipe missionária da Paróquia são os *Leigos Missionários*. Numa ação evangelizadora, organizada e comprometida, eles e elas visam levar a **Boa-Nova a sua comunidade, renovando a fé e o compromisso dos cristãos católicos.** São todos os que, sendo batizados, têm a missão de anunciar o Evangelho de Jesus, e não só os padres e as irmãs missionárias.

"Missionários" é um conceito amplo. Toda a ação em favor dos outros poderia ser missionária, visita aos doentes, visita à penitenciária, visita legionária, reza em comum do terço, participação em grupos ou setores; mas, para nós, **Missionários são aqueles(as) que integram a equipe missionária da Paróquia.**

B) Realidade e reformas da Paróquia

a) Há, hoje, um novo modo de *ser e viver o ser Igreja*: é ser **Povo de Deus**. Nasceu no Vaticano II e, hoje, é a Igreja do Papa Francisco.

– Vivemos, hoje, num mundo onde todos querem *participar e colaborar*. Não aceitamos mais ser passivos e mandados. Ser Igreja, hoje, é viver e aprender a *ser comunidade de discípulos-missionários*, pela comunhão e participação.

– Já o **teólogo Libânio, SJ,** falava da existência de um "cisma branco". O cristão envolveu-se em um "silêncio indiferente, sem protestos, mas também sem compromisso com o Reino".

b) *Uma das* **últimas** *pesquisas* religiosas no Brasil (2010) afirma que 15% dos entrevistados deixaram a Igreja Católica. Por quê?

Vivemos uma acentuada debilidade da fé e o favorecimento da "religião pessoal"; uma religião que coloca Deus a serviço das necessidades pessoais.

Há desinteresse pelas grandes Igrejas e uma busca religiosa pelo exótico, pela moda e pelo interesse material.

Há uma busca da "teologia da prosperidade", oposta ao Evangelho.

– Analisando a realidade constatamos:
1. *Muitos se dizem católicos* – poucos são praticantes.
2. *Comunidades frias* – faltam acolhimento e aceitação.
3. *Há bastantes católicos*, mas muito devocionais e desencarnados.

c) O **teólogo Karl Rahner, SJ**, ensinava: "A Igreja do futuro será uma Igreja que se constituirá de baixo para cima, por meio de comunidades de base, de livre iniciativa e associação. Temos de fazer todo o possível para não impedir esse desenvolvimento, mas antes promovê-lo e orientá-lo corretamente". Agora queremos ver o mundo não apenas como lugar da negatividade, "mistério da iniquidade", mas como história da salvação e lugar da autocomunicação de Deus – Sinais dos tempos. Hoje, queremos construir uma **Igreja povo de Deus, uma Igreja de comunhão e participação, realizando concretamente, na história, a Igreja de Jesus Cristo.**

d) *No trabalho pastoral* ampliaram-se muito os **campos da missão**:

1. Por *pastoral* entende-se o trabalho com os cristãos militantes e as comunidades eclesiais constituídas.
2. Por *nova evangelização* entende-se o trabalho de buscar os cristãos afastados da vida da comunidade, como também os que não creem em Cristo, no conjunto da sociedade secularizada, onde cada Igreja local está colocada. O *campo* da nova evangelização não é somente o das "pessoas batizadas que não vivem as exigências do batismo", mas também o dos "que ainda não creem em Cristo no espaço de seu próprio território e responder adequadamente aos grandes problemas da sociedade na qual a Igreja está inserida" (DA 168).
3. Na *missão ad gentes*, temos a evangelização daqueles que não conhecem Jesus Cristo no meio de outros povos e sociedades; lá onde a presença da Igreja não está suficientemente estruturada. "Sem a missão ad gentes, a própria dimensão missionária da Igreja ficaria privada de seu significado fundamental e de seu exemplo de atuação" (cf. RMi 33; EG 14).

C) A paróquia missionária

Para ser criada, precisa alertar para **três reformas** fundamentais:
1. Renovar as Paróquias.
2. Criar um novo modo de ser Igreja Missionária.
3. Empenhar os **Leigos Missionários** como Novos Agentes de Pastoral.

1. Renovar as Paróquias

Depois do Documento de Aparecida, *a paróquia tem sido tema central de reflexão na Igreja*, mas pouco se tem feito para sua renovação. A renovação paroquial exige a renovação de nossas estruturas paroquiais e a conversão para a missão, e muitos não estão preparados ou dispostos a isso.

A Igreja é uma comunidade; e a paróquia torna visível o ser Igreja. É na paróquia que se faz a construção da identidade cristã; é *o lugar onde o cristianismo se torna visível em nossa cultura e história* (CNBB, 100, 106). Mas para isso é preciso renovar-se.

A renovação da paróquia, no espírito do Concílio Vaticano II e à luz do Documento de Aparecida (2007), aponta a renovação em **três direções**:

a) A passagem do *territorial para o comunitário*;

b) A passagem do *princípio único do pároco para uma comunidade toda ministerial*.

c) A passagem *para a Paróquia Missionária e Aberta*, capaz de uma atitude de diálogo, numa Igreja de comunhão e participação.

A renovação das paróquias exige reformular suas estruturas para que seja *rede de comunidades e grupos*. A renovação missionária das paróquias impõe a criação de novas estruturas pastorais.

Uma das primeiras e de grande importância é a criação dos *Comipas* (Conselhos Missionários Paroquiais). E se é importante manter a chama da Missão além-fronteiras, hoje também é fundamental criar paróquias missionárias e dar aos leigos a consciência de sua vocação missionária em sua comunidade.

Aconselha mesmo sua *setorização em unidades territoriais menores*, com equipes próprias de animação e coordenação, que permitam uma maior proximidade às pessoas e grupos que vivem na região.

Ressalta a importância das *Comunidades Eclesiais de Base*, da *leitura orante da Bíblia,* e maior abertura aos *ministérios leigos*.

A ação evangelizadora da Igreja, na promoção da pessoa, apresenta as seguintes pistas pastorais: *acolhimento de todos e visitação*; *defesa e proteção à família*; preparação ao matrimônio e acolhida aos casais em segunda união; presença nos locais de trabalho e moradia; atenção aos migrantes; atenção *especial aos excluídos* por uma pastoral comum.

A nova paróquia é "**Comunidade de comunidades**", conforme o documento 105 da CNBB, e que realiza concretamente na história *a Igreja de Jesus Cristo, em estado permanente de "Saída".*

2. Novo modo de ser Igreja:
Povo de Deus Missionário

a) Temos, hoje, **vários tipos de Comunidades**. Veja em qual sua (comunidade) enquadra-se:

1. *Tipo caju*: caroço separado da fruta. Um manda (geralmente o padre) e os demais obedecem.
2. *Tipo abacate*: Caroço dentro, mas separado da massa. Só um decide, os outros ajudam.
3. *Tipo laranja*: Completamente misturados, caroço e fruta. "Todos são corresponsáveis e organizados."

b) **Cinco acentos importantes** de como a Igreja se vê no *Documento de Aparecida:*

1. *Igreja solidária* – que deve se preocupar com os pobres e excluídos.
2. *Igreja Missionária* – DA 551 – Lembra o estado permanente de Missão e a Missão Continental.
3. *Igreja Discípula* – Seguir o Mestre como na Bíblia.
4. *Igreja Comunidade* – Tomar o exemplo de Jesus com seus discípulos.
5. *Igreja a serviço da Vida* – Mensagem Final do DA.

c) **Prioridades e urgências missionárias** no mundo e *critérios* para discernir

1. A primeira é a falta ou necessidade do **1º anúncio do Evangelho** numa determinada comunidade, como um *serviço profético* da Igreja;
2. O segundo elemento é a falta do **serviço sacerdotal da Igreja**, para celebrar a Eucaristia numa comunidade cristã, área ou território;
3. O terceiro fator para definir uma urgência missionária é a falta ou necessidade de uma **transformação social pelos valores do Evangelho na vida concreta** das pessoas e dos povos (cf. EN 29), à qual corresponde o serviço da caridade da Igreja (cf. DA 386).

3. Leigos e leigas em missão:
Novos Agentes de Pastoral

Talvez a falta de sacerdotes faça com que a Igreja reveja seu novo modo de agir. O Sínodo dos Povos Amazônicos nos fará avançar, sem dúvida. É urgente favorecer a *participação dos leigos nas decisões eclesiais*; por isso, a *formação dos leigos é fundamental* (*conhecer as razões da fé*) e a pluralidade dos ministérios leigos deve ser incentivada, tendo em conta essa urgência da ação dos Leigos na nova evangelização. As urgências missionárias nos convocam.

A Missão Leiga favorece que a Paróquia caminhe dando estes passos:

a) *A conversão dos agentes* – Sem conversão dos agentes não se faz renovação da paróquia. – Vale lembrar que se não formos missionários nas paróquias, dificilmente seremos missionários em outros lugares.

b) *A organização da paróquia em "comunidades de comunidades".* – Valorizar as diversas formas de vida comunitária, como as Comunidades Eclesiais de Base (CEBs) e as tradicionais capelas de nossas paróquias.

c) A *valorização dos Conselhos paroquiais e coordenações pastorais* que fomentem a paróquia como comunidade de comunidades – acolhedoras e missionárias.

Não é por acaso que a CNBB pediu que 2018 fosse o **Ano do Laicato**; pois o **clericalismo** dificulta a caminhada das comunidades.

O **Papa Francisco** nos trouxe novas luzes com a ***Evangelii Gaudium***. Ela aborda a necessidade de renovação da Igreja em todos os níveis, do ponto de vista do chamado a *ser uma Igreja em missão,* "***Igreja em saída***".

Lembremo-nos de que **os Leigos Missionários** são: **"Homens (Mulheres) da Igreja no coração do mundo e homens (mulheres) do mundo no coração da Igreja"** (DA 209).

Segunda Parte

ORGANIZAÇÃO DA MISSÃO

Nesta parte entramos no coração da "Missão Leiga na Paróquia".
O que é a Missão Leiga?
Quais os passos para a sua Organização?!

QUE SÃO AS MISSÕES LEIGAS E COMO SE ORGANIZAM

1. A Reviravolta
2. Leigos e Leigas em Missão na Paróquia
3. Finalidade das Missões Leigas
4. Equipes
5. Tarefas das Equipes
6. Formação da Liderança
7. A Visitação
8. Temas para a reflexão nas Famílias
9. Missão dos Jovens
10. Dificuldades Encontradas

I

A REVIRAVOLTA

A reviravolta aconteceu na V Conferência do CELAM, em Aparecida, de 13 a 31 de maio de 2007. "Nela foi apresentado um 'novo modo de evangelizar', capaz de criar as 'Paróquias Missionárias'". E eu só posso falar de **Leigos em Missão** e de um *novo método de pastoral*, se souber que é no Documento de Aparecida e, a partir dele, que encontro a grande **reviravolta** e mudança fundamental da Pastoral da Igreja.

Evangelizar, hoje, é buscarmos uma capacidade maior de sairmos da rotina burocrática de nossas paróquias, para encontrarmos *caminhos de buscar os que estão longe,* por meio da evangelização que envolva os leigos que são os verdadeiros discípulos-missionários em suas comunidades e paróquias. É um longo processo.

A paróquia é a ***Igreja na base***, "expressão local e concreta", onde a maioria dos batizados pode ter a possibilidade de fazer uma experiência concreta do encontro com Cristo e da comunhão eclesial. Podemos dizer que a **paróquia é a comunidade de pequenas comunidades, famílias, pessoas, grupos, organizações e instituições**, que testemunham a variedade, a riqueza e a beleza dos dons de Deus, mas sempre a *serviço da evangelização e da Missão*. Ora, nossas paróquias esqueceram sua dimensão evangelizadora e missionária, e ficaram mais no burocrático e sacramental. A Missão da Igreja está fundada no mistério da Trindade. A Trindade é missionária. Se a Igreja é missionária por natureza, nossas paróquias também precisam sê-lo. O Documento de Aparecida apresenta uma *grande reviravolta*. A evangelização torna-se a grande proposta e desafio de colocar a Igreja como um todo, e cada comunidade eclesial, em estado permanente de missão. Não basta ir à Missa e pronto. Há um desafio maior e fundamental: é "a capacidade da Igreja para promover e formar discípulos e missionários". Esse desafio é fazer que cada cristão tenha a audácia e coragem de transmitir Jesus Cristo aos outros.

Na paróquia é preciso ir ao encontro das pessoas; pois elas necessitam de alguém que escute suas alegrias, seus anseios e suas aflições, e aí devemos conduzi-las à experiência de Jesus e à Comunidade. Devemos ser criativos e arrojados; pois *é dando a fé, que ela se fortalece*. Por isso queremos *uma Igreja toda Missionária*, com padres (párocos) Missionários, agentes leigos Missionários, estruturas Missionárias e novos Métodos Pastorais. O pedido do Papa Francisco na "Evangelii Gaudium" é que *"a Evangelização seja a prioridade para toda a Igreja".*

II

LEIGOS E LEIGAS EM MISSÃO NA PARÓQUIA

Sim. São eles os que vão *organizar as chamadas* **"Missões Leigas" nas Comunidades da Paróquia** e vão integrar a *'Equipe Missionária dos Leigos da Paróquia'*. Pois a Missão quer ser um autêntico "mutirão de evangelização"; *onde* se quer evangelizar, de modo extraordinário, o maior número possível de pessoas de uma comunidade e, com isso, procurar criar as **"Paróquias Missionárias"**.

Leigos e Leigas em Missão quer reorganizar a pastoral de uma comunidade, de modo a chegar a envolver todos, animando sua caminhada, chamando os que não veem ou estão longe e criando e renovando as lideranças da comunidade.

Na celebração do Ano da Fé foi pedido que seria oportuno promover as "missões populares" e "outras iniciativas" na paróquia e nos lugares de trabalho, para ajudar os fiéis a redescobrir o dom da fé batismal e a responsabilidade de seu testemunho.

Leigos e Leigas em Missão quer ser uma Nova Evangelização com Leigos, feita por leigos da comunidade e a ajuda de outras comunidades. É a vez de os leigos evangelizar, pois todo leigo é chamado a ser missionário desde seu batismo e confirmado depois no crisma. A missão de leigos é muito abrangente; e há campos onde só eles podem atuar.

Leigos e Leigas em Missão exige também uma *dinâmica própria*. Começa com a criação do *Conselho Missionário da Paróquia (COMIPA)*. Ele é o centro animador de toda a Acão Missionária. Depois vem a organização dos "grupos missionários" em cada quarteirão, com suas lideranças. Por fim as várias equipes de "Serviços", como equipe da Visitação, pastoral da Família, dos doentes, dos Jovens e Adolescentes e a "missãozinha das Crianças".

> São **quatro as urgências da Evangelização**, hoje:
> A primeira é **criar uma Igreja missionária**.
> Depois vem **a *iniciação à vida cristã***, realçando o papel do catequista, da catequista.
> A terceira urgência, a **importância da Palavra de Deus**, no anúncio e na vivência da comunidade e das famílias.
> E, por último, a **paróquia, mas como rede de pequenas comunidades**, para que elas sejam realmente vivas, vivam a Palavra de Deus e sejam anunciadoras de Jesus Cristo ao nosso povo.

O Pároco faz mais a parte sacramental e trabalha mais a **formação evangelizadora** dos leigos. E já que ele deve ser a alma de toda a Evangelização, pedimos que ele oriente e anime todos os que vão trabalhar e se envolver.

Foi com minha experiência de 25 anos de missionário itinerante e vários anos de trabalho em paróquias, que resolvi começar este trabalho missionário de **"Leigos e Leigas em Missão na Paróquia"**. Foram várias comunidades na paróquia de Tietê-SP e também na paróquia de Aparecida-SP.

Como é bom trabalhar com os leigos e sentir, em todos, sua vocação missionária!

Oxalá *este Modelo e estas orientações* animem outras paróquias e comunidades a realizar a evangelização com leigos, que darão uma cara missionária às nossas paróquias e comunidades. Há várias experiências já realizadas em várias cidades, mas ficarei feliz se puder ajudar mais Paróquias e Comunidades, por este nosso imenso e querido Brasil.

III

FINALIDADE DAS MISSÕES LEIGAS

Missão é um mutirão de Evangelização. Resumidamente, diria, a finalidade principal é:

– organizar os "Leigos e Leigas em Missão" e motivar todos os batizados numa Grande Evangelização;
– dar identidade forte à liderança e ajudar a ver melhor a realidade;
– animar e unir a ação dos Leigos;
– unir mais as famílias;
– chamar os afastados;
– descentralizar a Paróquia.

Sabemos que a pastoral paroquial é ordinariamente de manutenção: celebrações, administração, assistência a grupos etc., e não conseguiremos envolver nossas lideranças para animar a evangelização, a não ser que criemos um **projeto missionário**.

No Documento de Aparecida (DA) os bispos querem que nossas paróquias sejam Centros de Evangelização Missionária e não só lugar de manutenção da fé.

1. O Documento de Aparecida propõe:
– *a descentralização da paróquia* e a desburocratização (DA 203);
– *a multiplicação de braços* e a qualificação de ministros (DA 513);
– *a conversão pastoral* de nossas comunidades exige que se vá além de uma pastoral de conservação para uma pastoral decididamente missionária e evangelizadora (DA 370).

2. A paróquia deve ser *"Comunidade de Comunidades"*
Com isso queremos transformar a comunidade em um centro de irradiação missionária em seu próprio território e um lugar de formação permanente. Precisamos de um novo padrão de pastoral e de novas estruturas. Propõe, então, uma paróquia toda Missionária. A evangelização será a prioridade e deixará em segundo plano a administração de uma pequena minoria que frequenta as paróquias.

O Documento de Aparecida, ao convocar todos os batizados, para que se tornem *"discípulos-missionários"* de Jesus em favor da Vida, sabe que isto jamais poderá acontecer dentro das estruturas atuais da Igreja. Por isso, faz um forte apelo por uma *Conversão Pastoral* de todas as instâncias da Igreja, a começar pelas paróquias, para que não tenham medo de abandonar estruturas ultrapassadas (DA, 365). É preciso, é urgente ir além de uma pastoral de mera conservação, para tornar-se uma pastoral decididamente missionária (DA, 370).

3. Envolver *"leigos e leigas na evangelização"*
O envolvimento de leigos como discípulos-missionários ativos parte da constatação óbvia de que já existem em todas as nossas comunidades muitos batizados com uma vivência de fé admirável e fiel, com uma prática de caridade cheia de dedicação e até com um conhecimento do Evangelho bem atualizado. É preciso abrir espaço e incentivar esses leigos para que se animem a ser missionários.

É a *hora e a vez dos leigos e leigas*. Somos todos convidados a envolver os leigos e leigas no trabalho missionário, para que a missão seja assumida sempre mais pelas comunidades cristãs do Brasil. Da mesma forma, somos desafiados a *entrar* decididamente, com todas as forças, nos processos constantes de renovação missionária.

4. *Unir as famílias*

A progressiva setorização e descentralização das estruturas – pastorais, transformando as paróquias em rede de comunidades, ajudarão a passar corajosamente de uma pastoral de manutenção para uma pastoral decididamente missionária (cf. DA, 365 e 370).

Fazer com que as paróquias sejam *"missionárias"* e pensem, sobretudo, nos que estão longe e não vêm à comunidade, eis o grande desafio da pastoral paroquial e missionária.

"Leigos e Leigas em Missão na Paróquia" pretende realizar esses objetivos.

IV

EQUIPES DOS "LEIGOS(AS) EM MISSÃO"

A Evangelização dos *Leigos e Leigas em Missão* tem um esquema fundamental com várias equipes. Resumidamente diria:

– A escolha do **Conselho Missionário Paroquial** (COMIPA).
– Há um trabalho de **Visitação**.
– Há **evangelização nas famílias dos setores** ou grupos de *evangelização*.
– Há **uma animação da fé**, que acontece nas celebrações, na igreja ou no salão da comunidade.

É bonito ver como já tem paróquias realizando, com estilos e modos próprios, vários tipos de ações missionárias. Isso é animador. Há muita criatividade e entendo que começam a surgir, a partir das missões realizadas pelos Missionários Redentoristas. É em vista deste trabalho que precisamos conhecer os procedimentos e ir montando as várias equipes.

1. A primeira coisa a escolher é a Comunidade

No começo é melhor escolher comunidades pequenas de até 400 famílias, para que a equipe crie confiança. Eu não tenho a experiência de trabalhar, ao mesmo tempo, uma paróquia inteira com os "Leigos em Missão". Só trabalhamos uma comunidade de cada vez.

A participação da comunidade começa com a aprovação e escolha da data da missão, aproveitando a celebração dos fins de semana. Mas antes explicamos o *objetivo* dos "Leigos em Missão": "uma grande campanha de evangelização", feita por leigos e para leigos. Visitaremos todas as famílias, celebraremos nas famílias e teremos as grandes celebrações na igreja da comunidade, envolvendo as crianças, os adolescentes, jovens e adultos. Queremos atingir o maior número de pessoas para unir e animar a fé da comunidade.

2. Montar as Equipes

É importante conversar antes com a coordenação da comunidade. O número ideal é escolher um grupo de 12 casais e 10 jovens de comunidade. No começo não se acha tal número, comecemos com os que temos e se oferecem. Perguntar quem se oferece para trabalhar nas equipes. Ir pegando os nomes, endereços, telefones e e-mails. É fundamental uma equipe animada e com liderança. Pouco a pouco vamos preparando e orientando cada equipe. Mostrar a cada equipe sua responsabilidade e passos a dar.

3. Organizar os Grupos Missionários ou Setores Missionários

Com um mapa na mão, para que se possa atingir todo o bairro; é bom organizar os setores missionários (grupos de evangelização) e escolher coordenadores; ou rever os setores e seus coordenadores, quando já existem. Estes grupos de evangelização, formados mais ou menos por 15 famílias, serão então a base evangelizadora da comunidade. Em prédios ou condomínios isto também pode funcionar; Nestes grupos vão acontecer as celebrações entre as famílias, na segunda parte. Estes grupos são a base para as pequenas comunidades das missões e, depois das missões, para as novenas do Natal e da

Campanha da Fraternidade. É bom que quem coordena este trabalho seja pessoa da rua ou conhecida e que more perto. E importante *apresentar os* coordenadores dos grupos à comunidade, em uma missa.

4. Escolher o tema de reflexão dos "Leigos em Missão na Paróquia"

No primeiro ano será o *Querigma* e o *slogan*: "Unidos em Cristo para viver e crescer em comunidade". Costumo usar como reflexão catequética o livro *"Fé e Vida"*, da Editora Santuário. Nele temos uma boa catequese, orações e cânticos.

5. A equipe primeira a ser montada é a da Visitação

É a que dá mais trabalho. Prepará-la. Treiná-la. Orientá-la e fazer vários exercícios práticos.

Agora estamos fazendo só uma visitação e não mais duas.

6. Preparar a impressão das fichas

A comunidade deve aprová-las.

7. Formação Espiritual

Teremos o dia de formação espiritual. A reunião dura quatro horas com o rito penitencial.

Fazer, depois, numa eucaristia, os "Compromissos" da equipe dos casais e dos Jovens por um ano.

8. Preparar a Equipe da Liturgia

Estudar a parte da liturgia e dos ministros da Eucaristia para sua preparação, sobretudo nas celebrações Evangelização na terceira parte, ou na igreja.

9. "Leigos em Missão" com os Jovens

Montar a missão dos jovens: local, equipes, programa.

Reuniões frequentes, para dar segurança à equipe.

Obs.: Quanto mais pessoas da comunidade forem envolvidas, melhor.

V

TAREFAS DAS EQUIPES

São várias as equipes, conforme as necessidades. Desse modo vamos comprometendo e formando as lideranças e os movimentos da comunidade.

1. Coordenação Geral

Cuida da comunicação interna, secretaria e espiritualidade. É a equipe principal. Precisa de gente que é organizada, com experiência de escritório, facilidade de computação, de fácil relacionamento e certa disponibilidade. Dois casais.

2. A Equipe da Visitação e Coordenadores de Setores

É a equipe maior. São os Coordenadores Gerais dos Setores que vão arrumar os coordenadores dos setores. Dividir as famílias em grupos de 15 para as celebrações familiares. Eles irão pegar o material da Visitação: *fichas, programas, material das bênçãos*. Juntarão as fichas para a tabulação. É necessário prepará-los bem para tirar os medos e treiná-los para fazer a visitação. Precisamos de três casais.

3. A Equipe das Crianças e Catequese

Ela irá coordenar os 'Leigos em Missão com as Crianças' e ajudar na celebração das crianças. Vai providenciar agrados, balas. Ensaiar as músicas. Cuidar da passeata. Envolver catequistas e professoras. Geralmente usamos os catequistas e dois jovens.

4. A Equipe dos Casais

Ajudar na preparação para o Casamento e Batismo e na Missa da família. Serão dois casais.

5. A Equipe Econômica, de Comunicação e de Propaganda

Esta equipe começa criando fundos necessários: *rifas, sobremesas etc.* Preparar o material: Programas, camisetas, propaganda, faixas, som etc. Cuidarão também da venda do livro "Fé e Vida".

6. A Equipe de Liturgia e Encerramento

Esta equipe coordenará as missas de abertura, missa doentes, missa de encerramento, celebrações e Cruzeiro (ou pelo menos uma cruz de uns dois metros como lembrança e com os dizeres nos braços "Unidos em Cristo" e a data da Missão). Nessa equipe colaboram também os Ministros da Eucaristia. Serão dois casais.

7. As Equipes dos Jovens

Eles vão cuidar de todo o trabalho da Missão dos Jovens: Visitação, missa, gincana e pós-missão ou grupo de jovens.

Obs.: Envolver, dentro do possível, toda a família: pais e filhos nas várias equipes. É claro que nem todos correspondem ao que se espera; mas é bom ver aparecerem novas lideranças.

VI

FORMAÇÃO DA LIDERANÇA

A) Considerações gerais

1. Trabalhar na formação da liderança é uma das grandes tarefas dos padres ou diáconos, hoje. Preparar a liderança urge, pois nossos leigos leem e estudam pouco. Graças a Deus estão surgindo vários cursos de teologia para leigos. E isso é muito bom e necessário.

2. Mas, além de formação que damos, procuramos também criar com a comunidade uma maior proximidade. Temos de dar mais tempo às periferias e não só à matriz.

3. Outra coisa é a proximidade com os líderes. Nem todo mundo serve para coordenar ou porque é autoritário, ou de difícil diálogo e paciência. Visitar, tomar café, trocar ideias é necessário.

4. O padre continua sendo visto como bastante estranho e toda proximidade é importante; apoiar, ter paciência e acompanhar discretamente.

B) Dia de formação da liderança

Jesus também preparou seus discípulos, conforme Lc 10,1-12 – Poderá haver um momento penitencial.

Temas de formação:
– Hoje, temos *modelos missionários* para nossa evangelização.
– *Modelos de Igreja* a construir.
– Qual é a *espiritualidade do evangelizador*.
– Como deve ser feita a *Visitação*.

Em meu outro livro *"A Paróquia Missionária e os Leigos Missionários"*, dou outras orientações para aprofundamento de temas como a Realidade da Comunidade, a Importância dos Setores Missionários e Grupos de evangelização. A Família é a comunidade básica e a Igreja Doméstica. Há movimentos atuais, hoje, fora da caminhada da Igreja. Sabemos que nem todos servem para serem líderes, pois são necessárias qualidades humanas e formação.

C) Ministérios ou pastorais

São vários os ministérios na pastoral de uma paróquia e comunidade. Vou ressaltar os principais e como eles se conectam.

1. Da Palavra: Catequese, do Batismo, Noivos. Pastoral Familiar. Casais em segunda união. Dos Setores de Evangelização (Grupos de Evangelização). Visitação.

2. Da Celebração: Acolhida, Música, Leitores, Ministros da Sagrada Comunhão.

3. Das Pastorais Sociais: da Saúde (doentes), consolação – situações de risco.

4. Da coordenação (CPC): Coordenadores gerais da Comunidade, das festas, do dízimo, das construções e da economia, da limpeza.

VII

A VISITAÇÃO PARA "LEIGOS E LEIGAS EM MISSÃO"

O trabalho da Visitação é tão importante que tem gente pensando que a Evangelização é só a visitação das famílias. A Evangelização dos "Leigos em Missão" requer muito mais.

A Missão da Visitação nessa evangelização tem sobretudo *três finalidades:*

1. *Conhecer melhor* a realidade das famílias do bairro. "A Visitação é primeiramente para convidar as famílias para *participar* da Evangelização dos 'Leigos em Missão'." Juntamente com o convite para a Evangelização, faremos um levantamento sociorreligioso para termos dados mais concretos, ainda que simples, das famílias do bairro, o que favorece conhecer a realidade eclesial e social delas. É diante desses dados que a comunidade pode organizar-se e criar laços mais fraternos.

2. Fazer com que as pessoas e *famílias se unam mais*. A evangelização na segunda fase quer criar uma maior união na fé e na convivência da comunidade, o que facilita a criação dos grupos de evangelização ou os *setores missionários*. É nesses grupos que acontecerá o aprofundamento da fé cristã e da vivência fraterna concreta, pois quando todos se conhecem, podem ajudar-se e ajudar os outros. Será este o principal trabalho da segunda fase da Missão.

3. Dar *autoconfiança* à equipe. No começo a equipe da visitação sente bastante medo. As pessoas se assustam, acham difícil, mas depois se cria uma grande autoconfiança na equipe. Esta *autoconfiança e o espírito de equipe* são fundamentais na equipe da visitação.

Dentro dessas finalidades é importante explicar *a finalidade e os objetivos* da visita. A visita não é para fofocar ou bisbilhotar, mas é um momento de aproximar mais as famílias e de levar-lhes o convite da missão e realizar a bênção da casa.

A finalidade maior é sempre criar pontes entre as famílias e a Comunidade. Na visita falamos da Missão e as convidamos a participar, deixando o Programa. Aproveitamos para preencher a *ficha*, que nos mostrará a realidade da Comunidade e para rezar pela família e abençoar sua casa – coisa que nosso povo aprecia muito. Na Visitação podemos deixar alguma lembrança (terço...) ou deixar o horário das Celebrações da Comunidade.

Olhando *a parte prática*, lembramos:

– Durante a evangelização, um dos pontos principais é a *visitação*. E como os Leigos gostam de fazer isso depois que perdem o medo! Para a Visitação é bom que todos *usem camiseta*, o que identifica a equipe. Precisamos levar os *programas, as fichas e água benta e a oração* para a bênção das casas.

– Cada setor terá um coordenador da visitação. É uma equipe que precisa de bastante gente: pelo menos quatro pessoas por setor. Podem convidar pessoas de outra Comunidade. O mínimo são duas pessoas, mas podem ir mais pessoas no grupo e até levar crianças.

– *Dividir as tarefas.* Todos saúdam a pessoa que visitamos no começo e no fim. O que coordena explica o *porquê da visita* e o que vai acontecer. Outra pessoa entrega o *Programa* da Evangelização e orienta onde deve ser colocado. Outra pessoa preenche a *ficha* e explica para que ela serve. Outra realiza a *Oração da bênção.*

– Geralmente, a visitação será no sábado e, se precisar, no domingo. Na cidade de Aparecida só foi possível realizá-la durante a semana. Visitaremos *todas as famílias,* também de outra religião *(não discutir religião, mesmo que nos critiquem).* Religião é uma experiência de fé que faz parte da vida.

– A Visitação agora é feita uma só vez. São poucas as pessoas (crentes...) que recusam a visitação.

– O que não pode faltar à equipe são a *oração e a confiança.* Por isso, antes da saída para as visitas, fazemos um momento de oração na igreja. Isso dá confiança e segurança à equipe e aproveitamos para entregar o material que vão usar nas visitas. É bom que a Coordenação acompanhe de longe as equipes, e com sobras de material, caso seja preciso.

VIII

TEMAS PARA A REFLEXÃO NAS FAMÍLIAS OU SETORES

Esquema diário

– Terço. Procissão, depois do segundo mistério.
– Oração de Boas-vindas (cf. p. 155, anexo 2).
– Leitura bíblica.
– Leitura do livro "Fé e Vida". Cada dia um assunto.
– Responder às perguntas.
– Oração pelas Missões (cf. p. 156, anexo 2) e Avisos.

Obs. Não passar de uma hora. Quanto mais participação melhor. Dividir: mistérios do terço, leituras e cantos. Para os *"Leigos em Missão"*, usamos muito o livro *"Fé e Vida"*, da Editora Santuário, com os cantos, as orações e as reflexões. É simples e o povo gosta muito.

Temas, textos e perguntas para a reflexão no setor:

1º dia: Projeto do Amor de Deus Pai
Livro "Fé e Vida", p. 4; Leitura: 1Jo 4,7-13.
Perguntas:
1) Por que dizemos que Deus é nosso Pai? Como o sentimos em nossa vida?
2) Podemos ter medo de Deus?

2º dia: Palavra de Deus
"Fé e Vida", p. 5; Leitura: Hb 1,1-3.
Perguntas:
1) Deus fala de muitos modos. Por que a Bíblia é Palavra de Deus por excelência?
2) Qual é a importância da Palavra de Deus em sua vida?

3º dia: O pecado
"Fé e Vida", p. 10; Leitura: Rm 5,15-19.
Perguntas:
1) Que entendemos por pecado?
2) Por que o pecado atrapalha a nossa vida?

4º dia: Jesus Cristo = Deus Conosco
"Fé e Vida", p. 11; Leitura: Fl 2,5-11.
Perguntas:
1) Quem é Jesus para nós?
2) Por que dizemos que Jesus é o nosso Salvador?

5º dia: A Igreja = Povo de Deus
"Fé e Vida", p. 13; Leitura: Mt 16,13-19.
Perguntas:
1) A Igreja é uma comunidade diferente das outras sociedades?
2) Estamos contentes na Igreja de Jesus?

6º dia: A Paróquia = Comunidade Missionária
"Fé e Vida", p. 16; Leitura: Mc 16,14-20.
Perguntas:
1) Por que a paróquia deve ser uma comunidade de comunidades vivas?
2) Sem comunidade, podemos viver e perseverar na nossa fé?

7º dia: Maria = Mãe e Modelo da Igreja
"Fé e Vida", p. 15; Leitura: Jo 2,1-11.
Perguntas:
1) Maria foi importante na vida de Jesus e da Comunidade?
2) Qual a importância de Maria em nossa vida?

IX

MISSÃO DOS JOVENS

Objetivos: *Importância dos Jovens na Comunidade.*

"A comunidade será jovem, se os jovens forem Igreja."
"Jovem evangeliza jovem."
"Jovens unidos no bem, é paz também."

Fazer uma missão especial para os jovens, com a *finalidade de se conhecerem e se unirem*. Quem sabe, poderemos criar um grupo de jovens. A Evangelização dos Jovens não pode ser longa. Basta um fim de semana.

É importante preparar bem a equipe. Se for preciso, convidar jovens de outras comunidades para ajudar.

A) Programa do "Leigos em Missão" dos Jovens

O Programa quer ser muito leve e ágil. Num primeiro momento só queremos fazer alguma coisa que os leve a se *conhecerem e se unirem*. Por isso a visitação é fundamental.

Veja o esquema do Programa da Evangelização dos Jovens no exemplo do Programa Geral para Evangelização.

Obs.: Quando terminarem "Leigos em Missão" dos Jovens, sejam orientados a participar das missões dos adultos.

B) Equipes da Missão Jovem

Coordenação Geral e Secretaria: Responsabilidade geral e supervisão. Espiritualização – um casal e dois jovens.

– ***Visitação:*** Convidar os jovens, fazer as visitas e preencher as fichas; fazer tabulação dos dados recolhidos – três jovens.

– ***Gincana:*** Organizar e montar a gincana. Preparar o lugar – Quatro jovens.

– ***Missa de Encerramento da Evangelização dos Jovens:*** três jovens e casal da equipe de liturgia dos adultos.

– ***Coordenadores do Grupo de Jovens:*** Escolher quatro jovens e colocar junto um casal escolhido por eles.

C) Orientações para a Visitação

Na Evangelização dos Jovens é fundamental a visitação, pois é grande convite. Aproveitar a ficha da visitação das famílias para delas extrair o nome e local de moradia dos Jovens. Assim todos poderão ser visitados. Organizar a visitação e montar as equipes. Nunca ir sozinho. Pelo menos dois. A conversa é reservada e individual. Gastem o tempo necessário. Há um modelo de ficha dos jovens nos anexos (cf. p. 158).

– *Atitudes e informações a dar nas Visitas:* Arrumar jovens para a visitação. Talvez dois por setor. Houve quem preferisse ir com um grupo maior. Levar *o programa da Missão e a ficha*. Mostrar amizade e carinho: "Oi, tudo bem?".

– *Falar um pouco da* Evangelização *na Comunidade:* "Leigos em Missão" é um mutirão de evangelização, para unir mais os católicos do bairro sobretudo, os jovens.

– *Falar da* Evangelização *dos jovens:* Gincana e encontro festivo – se deseja participar, seria bom ter aqui um grupo de jovens – e fazer a ficha.

Caso sejam de outra religião, saúdem, falem da Evangelização e peçam que rezem por nós na sua igreja e nós rezaremos por eles.

D) Gincana dos Jovens

Organizar e dividir as Equipes. Vejam alguém com experiência.

1º dia: Noite de lazer dos jovens: brincadeiras, jogos, corridas, show de música.
Equipe de avaliação e premiação.
Outras ideias: Concurso de música sobre a juventude.

2º dia: Os jovens vão arrecadar alimentos ou roupas.

Providenciar: uma camioneta, som, alto-falante e vários jovens ou adolescentes. – Buscar apoio do rádio e da TV. Onde será entregue? e quando?

E) Fichas dos Jovens

Precisamos arrumar tantas fichas quantos jovens nós formos visitar. As fichas serão preenchidas individualmente. Depois faremos uma tabulação geral para aproveitar fichas e os anseios dos jovens. (Ver modelo nos Anexos, p. 158)

X

PRINCIPAIS DIFICULDADES ENCONTRADAS

1. Considero, como primeira dificuldade, a *falta de preparo* de nossos padres e párocos para tamanha mudança. O documento de Aparecida nos orientou, mas as coisas demoram a acontecer. São poucos os que buscam a mudança pedida.

2. Outros se contentam com o mais fácil, que é realizar a *Missão da Visitação*. Assim podemos pensar que já cumprimos o que foi pedido. Espero que com a mudança lá na formação dos futuros padres, será mais fácil ver os frutos.

3. Por minha experiência na missão e no trabalho da paróquia, estou sentindo na própria pele como aumentaram as *dificuldades* no trabalho pastoral.

4. Há uma *crise generalizada de civilização*; o culto ao *"deus mercado"* e a luta econômica são cada vez mais importantes; uma situação generalizada de exclusão, de *miséria e pobreza das maiorias;* criou-se a ética do ter, fundada nos valores da *eficiência e da competitividade*; caímos *num individualismo consumista,* criamos a *cultura da morte,* da violência, da angústia, do desespero e da *falta de sentido*.

5. E diante de uma *visão redutora do ser humano* somos desafiados a viver e difundir o valor essencial da *comunhão*. Precisamos formular uma ética que nos permita humanizar a globalização; reencontrar o sentido da vida; buscar o sentido religioso no contexto atual; *reconstruir os vínculos* de pertença e de responsabilidade *e apresentar o valor do* "gratuito".

6. É gratificante ver a *alegria dos leigos* que descobrem sua vocação missionária e podem dedicar-se a ela; há muita alegria e coragem para o trabalho!

7. Quando os leigos não têm um respaldo e apoio por parte dos párocos, tudo fica mais difícil na pastoral missionária.

8. O corre-corre da vida limita muito a ação de nossas lideranças. Há gente sobrecarregada e, sem dúvida, muita gente perdeu o sentido da comunidade e da corresponsabilidade. Devemos acarinhar muito nossas lideranças e reconstruir os vínculos de pertença e responsabilidade. *A formação* de nossas *lideranças* continuará sendo um desafio pastoral, e especialmente o uso da Bíblia.

Terceira Parte

LITURGIA NAS MISSÕES

MISSAS E CELEBRAÇÕES:

As Celebrações são os momentos da Comunidade para agradecer, louvar e fazer pedidos. São momentos para fortalecer a fé e a luta de cada dia. Unidos em oração Deus estará ao nosso lado e de nossas Comunidades. Rezar juntos sempre faz bem, pois Deus está conosco.

LITURGIA NAS MISSÕES

MISSAS E CELEBRAÇÕES

1. **Missa do envio missionário**
2. **Celebração da abertura – Terço meditado**
3. **Missa da juventude e volta da missão nas famílias**
4. **Celebração Penitencial**
5. **Renovação do Batismo das crianças**
6. **Celebração da fraternidade**
7. **Missa dos doentes e idosos**
8. **Celebração da procissão luminosa e via-sacra**
9. **Missa das Famílias – Encerramento**

I

MISSA DO ENVIO MISSIONÁRIO

PARA A MISSÃO NAS FAMÍLIAS

(Entrada da Bíblia e da Cruz, antes das leituras)

Comentarista:
1. Deus nos reúne
Irmãos e irmãs! Fomos todos convocados para este grande momento de evangelização de nossa comunidade. *'Leigos e Leigas em Missão'* é um tempo especial da graça de Deus. Nesses dias vamos ao encontro da Palavra de Deus para aprofundar nossa fé e nossa vida de comunidade e, assim, reanimar nossa comunidade. Nesta semana estamos iniciando as Missões nas famílias e nos setores.

Para todos nós vale a ordem de Jesus: "Ide e pregai o Evangelho a toda a criatura". Somos animadores dessa ação evangelizadora e queremos testemunhar a fé que trazemos viva em nós. Assim queremos ser apóstolos corajosos e felizes. Jesus está conosco.

2. Canto de abertura

3. Saudação
Cel.: Em nome do Pai e do Filho e do Espírito Santo.
T.: Amém.
Cel.: O Senhor, que nos reuniu para nos enviar a anunciar o Evangelho, dê-nos sua graça e sua paz. Ele nos abençoe com a unção do Santo Espírito que guiou Jesus em sua Missão.
T.: Bendito seja Deus que nos reuniu no amor de Cristo.

4. Ato Penitencial
Com.: Irmãos e irmãs, anunciemos a abundância da Redenção de Jesus. Experimentemos em nós mesmos esse amor misericordioso de Deus, demonstrado por meio de Jesus. Peçamos o perdão para que, purificados, anunciemos alegres o Evangelho.
Cel.: Porque somos tão lentos em assumir nossa missão de evangelizar em nossa família, na comunidade, no trabalho, perdoai-nos, Senhor, e tende piedade de nós!
T.: Senhor, tende piedade de nós!
Cel.: Porque somos tão medrosos em testemunhar nossa fé no convívio das pessoas e em situações difíceis, Cristo, perdoai-nos e tende piedade de nós!
T.: Cristo, tende piedade de nós!
Cel.: Porque não sabemos apresentar o Evangelho como solução para os problemas que afligem o povo e, por causa disso, o povo vive sofrendo como ovelhas sem pastor, Senhor, perdoai-nos e tende piedade de nós!
T.: Senhor, tende piedade de nós!

5. Glória a Deus (cantado)

6. Cel.: Oração: O Deus, que nos destes vossa Palavra para ser caminho de justiça, de paz e de vida, dai a todos nós a coragem de semearmos vossa Palavra. Que vossa força transforme nossas vidas e fecunde nossa palavra. Por Nosso Senhor Jesus Cristo, vosso Filho, na unidade do Espírito Santo.
T.: Amém.

7. Com.: Deus nos fala:
De pé, acolhamos a **Bíblia** e a **Cruz**.
(**Entrada da Bíblia**, cheia de fitas compridas pelo meio do povo e a **Cruz**). – Canto.
L.: Anunciar a Palavra é para quem descobriu a alegria da mensagem de Jesus.
Leitor: Leitura da Carta de São Paulo aos Coríntios (1Cor 9,16-19):
"Anunciar o Evangelho não é título de glória para mim; pelo contrário, é uma obrigação que me foi imposta. Ai de mim se eu não anunciar o Evangelho! Se eu o anunciasse de própria iniciativa, teria direito a um salário; no entanto, já que faço por obrigação, desempenho um cargo que me foi confiado. Qual é, então, o meu salário? É que, pregando o Evangelho, eu o prego gratuitamente, sem usar dos direitos que a pregação do Evangelho me confere. Embora eu seja livre em relação a todos, tornei-me o servo de todos, a fim de ganhar o maior número possível". Palavra do Senhor.
T.: Graças a Deus.

8. Canto de Meditação
Quem nos separará, quem vai nos separar./ Do amor de Cristo, quem nos separará?
Se Ele é por nós, quem será, quem será contra nós?/ Quem vai nos separar do Amor de Cristo, quem será?

Aclamação ao Evangelho
Com.: Jesus escolhe os discípulos e os envia para evangelizarem pelas ruas e casas. Esse gesto de Jesus se repete hoje, para nós que somos convocados para continuar a missão de Jesus.
Cel.: Evangelho (Lc 5,4-12):
Cel.: O Senhor esteja convosco!
T.: Ele está no meio de nós.
"Quando acabou de falar disse a Simão: 'Avançai para águas profundas e lançai vossas redes para a pesca'. Simão respondeu-lhe: 'Mestre, nós nos cansamos a noite toda e nada apanhamos, mas em atenção a tua palavra, lançaremos as redes'. Feito

isso, apanharam tão grande quantidade de peixes que as redes se rompiam. Fizeram sinal a seus companheiros que estavam na outra barca, para que viessem ajudá-los. Vieram e encheram tanto as duas barcas que estavam afundando. Vendo isto, Simão Pedro atirou-se aos joelhos de Jesus, dizendo: 'Senhor, afasta-te de mim, porque sou um homem pecador!' De fato, ele e todos os que com ele estavam encheram-se de espanto por causa da pesca que haviam feito. O mesmo aconteceu a Tiago e João, filhos de Zebedeu, que eram companheiros de Simão. Mas Jesus disse a Simão: 'Não tenhas medo, daqui em diante, serás pescador de homens'. Depois de levarem as barcas para a terra, abandonaram tudo e seguiram Jesus".

Palavra da Salvação!
T.: Glória a vós, Senhor.

Cel.: Mensagem – Pregação – Credo

9. Oração da Comunidade
Cel.: Irmãos, coloquemos diante de Deus nossas preces comunitárias, pedindo hoje principalmente pela ação evangelizadora que estamos realizando.

Leitor 1: Para que Deus nos assista e nos ilumine com seu Espírito em nossa missão de evangelizadores, em nossos setores missionários, em nossa comunidade, rezemos ao Senhor.
Todos: Senhor, enviai-nos o vosso Espírito Santo!

Leitor 2: Para que nossas palavras, nossos ensinamentos e nossa vida sejam sempre um testemunho autêntico de Jesus que nos amou primeiro, rezemos ao Senhor.
Todos: Senhor, enviai-nos o vosso Espírito Santo!

Leitor 3: Por nossos setores missionários, pelas famílias dos setores, para que sejam o lugar da acolhida, da fraternidade e do amor, rezemos ao Senhor.
Todos: Senhor, enviai-nos o vosso Espírito Santo!

Leitor 4: Pelas Missões que acontecem em nossa comunidade, para que este momento de graça extraordinária santifique, renove e reúna a todos numa verdadeira comunidade missionária, rezemos ao Senhor.

Todos: Senhor, enviai-nos o vosso Espírito Santo!
Cel.: O Pai de misericórdia, força daqueles que estão em vós, atendei nossas preces. Concedei-nos a graça e a assistência de vosso Espírito Santo, fazendo de nós verdadeiros missionários da vossa Igreja. Por nosso Senhor Jesus Cristo vosso Filho, na unidade do Espírito Santo.
Todos: Amém.

Eucaristia – Santos e Amém serão cantados

10. Compromisso – (Depois da Comunhão) (p. 153)
Com.: Diante da Bíblia e da Cruz de Jesus, vamos comprometer-nos com essa jornada missionária em nossa comunidade. Esse trabalho missionário deve ter a prioridade em nossa vida. Deus espera de nós uma resposta de amor e de ardor missionário.
Cel.: Queridos coordenadores e auxiliares, conscientes de nossa vocação missionária e cumprindo o mandato do Senhor, estais dispostos a assumir com ardor esse trabalho missionário em nossa comunidade?
T.: Sim, estamos dispostos.
Cel.: Estais conscientes das dificuldades que ireis encontrar durante essa evangelização de rua em rua, de casa em casa, e estais dispostos a enfrentar esses problemas em nome de Jesus?
T.: Sim, estamos conscientes e dispostos.
Cel.: Com firmeza de vontade e intenção vamos prometer ao Senhor doar com alegria nosso tempo e com carinho levar a Palavra de Deus aos irmãos.
T.: Senhor,/ com alegria,/ tomamos nas mãos vossa Palavra/ e de coração assumimos o compromisso/ de ir ao encontro dos irmãos/ para mostrar a eles a alegria/ da mensagem de vosso Filho Jesus,/ na unidade do Espírito Santo./ Amém.

11. Bênção da Bíblia e dos Quadros
Com.: A Bíblia é a Palavra de Deus. Os quadros são os sinais de nossa piedade e da presença de Nossa Senhora caminhando conosco durante esta semana de Missões nas casas.

Cel.: Oremos: Senhor, renovai a bênção † sobre as Bíblias e os Quadros que os coordenadores levarão às famílias dos setores. Abençoai as famílias que serão visitadas. Que todos se reúnam para ouvir a Palavra de Deus, para a oração comum e para viver a fraternidade, com Maria, a Mãe de Jesus. Que Maria, representada nestas imagens, anime e abençoe a todos. Amém!

Canto missionário (enquanto o dirigente asperge com água benta, canta):
"Os coordenadores serão abençoados" ou "Vai, vai missionário do Senhor".

12. Envio Missionário
Cel.: Como Jesus enviou os apóstolos e discípulos, a Igreja, continuando a missão de Jesus, dá a vocês a ordem de evangelizarem. Vão por toda a nossa comunidade, especialmente às famílias, e levem a todos a Boa-Nova da Salvação. Testemunhem com sua vida, estejam a serviço dos irmãos para escutar e atender a todos e anunciem Jesus Cristo, o Salvador misericordioso do Pai, único a dar sentido à nossa vida!

13. Avisos
Bênção final: Cel.: Pela intercessão de Nossa Senhora, Mãe da Igreja e de nossa comunidade, abençoe-vos o Deus todo-poderoso: Pai, Filho e Espírito Santo.
T.: Amém!

Saída dos andores
Cel.: Agora cada coordenador venha com seus auxiliares e as pessoas de seu Setor buscar a Bíblia e o Quadro que levarão na Missão.

Canto final: "Pelas estradas da vida" (ou outro)

II

CELEBRAÇÃO DA ABERTURA

TERÇO MEDITADO E COROAÇÃO DE NOSSA SENHORA

Canto: "Deixe a luz do céu entrar..." (bis)
Presidente: A Celebração terá três partes: Abertura, Terço Meditado e Coroação.

Presidente: Queremos acolher agora os três símbolos das Missões:
1. Vamos acolher primeiro a **CRUZ**, lembrando de Cristo nosso Redentor. A salvação de Jesus torna-se presente para nós hoje: Música: Jesus Cristo (Roberto Carlos) ou...
2. Vamos acolher a Palavra de Deus, a **BÍBLIA**. Ouvir a Palavra de Deus e pô-la em prática é nossa missão de cristãos. Música: A vossa Palavra, Senhor, é sinal...
3. Vamos acolher agora o Distintivo, a **BANDEIRA** de nossa Missão. E um lema e um desafio.
Cantando: Vinde, Pais... mães... filhos..., p. 66 do "Fé e Vida".

Presidente: Estamos começando as Missões Leigas em nossa comunidade, na igreja... Rezaremos o Terço, meditando alguns acontecimentos da vida de Jesus e de Maria. Jesus é sempre o centro de toda a oração, pois Jesus é único mediador entre Deus Pai e nós. Maria e os santos nos ajudam em nossa oração a chegar a Deus. Pelo batismo nos tornamos Filhos de Deus e podemos chamar a Deus de Pai querido. Encontrar-se com Jesus, buscar nele nossa força é um ato de humildade e fé. Urge revitalizar o Evangelho da Esperança. Só assim seremos discípulos-missionários, que comunicam Jesus à nossa família e ao mundo.

No terço meditado vamos lembrar a presença de Maria em cinco momentos da Vida de Jesus: Anunciação, Bodas de Caná, na Cruz, Pentecostes e a Coroação no céu.

O que significa fazer uma **Coroação de Nossa Senhora**?
Coroar é finalizar. Coroação é reconhecer a glória de Maria feliz e gloriosa no Céu, como Mãe e Rainha nossa. Maria – a quem hoje queremos coroar – é a Rainha gloriosa do Céu. Mas quando viveu na terra foi a humilde serva do Senhor e da humanidade. Unida sempre a Jesus até à morte, colaborou, como ninguém, em nossa salvação. Na Cruz Jesus nos deu ela como Mãe. Hoje, queremos que ela, na Glória do Céu, seja nossa intercessora e nos abençoe com todas as bênçãos que precisamos nós, nossas Famílias e nossas Comunidades.

– Terço meditado e Coroação:

1º Mistério – **Catequese**
2º Mistério – **Coordenadores dos Setores**
3º Mistério – **Jovens**
4º Mistério – **Adolescentes**
5º Mistério – **Ministros de Eucaristia**

Depois apagam-se as luzes.

1. ANUNCIAÇÃO: Pela Catequese.

Música: "Ave-Maria em CD". Ler: Lc 1,26-38 (marcar o Leitor).

Quando começar a música, entra um grupo de crianças com velas, flores, acende-se o foco de luz em direção à Imagem de Maria e se lê o texto bíblico.

Em seguida se reza o primeiro mistério do terço (11 crianças – Pai-nosso e 10 Ave-Marias).

2. BODAS DE CANÁ: Pelos Coordenadores dos Setores

Música: "Oração da Família". Ler: Jo 2,1-12 (marcar o Leitor)

Quando começar a música, entra um grupo de crianças com uvas e jarras de vinho. Depois se lê a leitura. Terminada, entra o grupo que vai rezar o segundo mistério.

3. JESUS NA CRUZ: Jovens

Música: "Tenho esperado este momento". Leitura: Jo 19,25-27 (marcar o Leitor).

Quando começar a música, entra um grupo de crianças com pequenas cruzes e pequenos panos brancos lembrando a ressurreição. Faz-se a Leitura. Terminada, entra o grupo que vai rezar o terceiro mistério.

4. PENTECOSTES: Adolescentes

Música: "Eu navegarei". Leitura: At 2,1-4 (marcar o Leitor).

Quando começar a música, entra um grupo de crianças com um pano vermelho grande e também alguma pomba. Faz-se a Leitura. Terminada, entra o grupo que vai rezar o quarto mistério.

5. COROAÇÃO DE MARIA: Ministros de Eucaristia

Música: "Queremos te coroar" ou outra. Leitura: Mt 25,34-40 (marcar o Leitor).

Quando começar a música, entra um grupo de crianças com as pétalas. Faz-se a leitura. Terminada, entra o grupo que vai rezar o quinto mistério.

Presidente: Todos de pé: Salve, Rainha...

Agora organizamos a **coroação**. Vamos fazer assim (explicar). (Colocar as crianças ao redor do altar. Deixar um corredor para quem vai entrar com a coroa. Só jogaremos as pétalas quando a coroa estiver colocada na cabeça da imagem.) Tudo bem? Vamos prepararmos agora.

Presidente: Oração: Ó Deus, que constituístes vossa Mãe e Rainha, concedei a nós, que aqui estamos reunidos para coroar sua imagem com a coroa real, alcançar por sua intercessão o Reino do céu e a glória prometida aos vossos filhos e filhas. Por Cristo, Nosso Senhor. Amém.

Digam comigo: Senhora Aparecida,/ coroando-vos hoje,/ queremos renovar/ nossa Consagração à Senhora./ Reconhecendo o quanto sois boa!/ Levai-nos a assumir com mais coragem/ nosso compromisso de Fé e Amor./ Se pedimos que sejais nossa Mãe e Rainha,/ vós quereis que sejamos vossos filhos e seguidores fiéis./ Salve, Mãe querida!

– Para a entrada da coroa cantamos. "Mãezinha do Céu".
– Agora o **canto da coroação**: "Ó minha Senhora...".

Presidente: Salva de Palmas e Vivas.

Agradecemos a presença de todos, especialmente das crianças, catequistas e coordenadores de setor. Vamos continuar nossa Missão com alegria.

Atenção: **Avisos da Missão desta semana**
Ver Programa

Aviso para as crianças:
– **Missãozinha**: No outro domingo (dia ...), às 15h, Passeata – Bate lata?
– **Renovação do Batismo** com os pais e padrinhos, dia...
– Participem das **celebrações** cada noite, aqui.
Canto Final: "Vem, Maria, vem".

III

MISSA DA JUVENTUDE E VOLTA DA MISSÃO NAS FAMÍLIAS

Chegada dos Quadros – Chegada de Nossa Senhora no fim da Missa.
(Preparar: carreata, pétalas, carro-andor, carro de som, foguetes.)
(Podem usar o folheto dominical para as leituras.)

Leitor 1: Estamos reunidos nesta Eucaristia para o encerramento hoje da Missão dos Jovens. Também estamos encerrando as Missões nas Famílias, trazendo os quadros de Nossa Senhora e a Bíblia. Daqui a pouco, vamos receber a Imagem Missionária de Nossa Senhora Aparecida, que vai presidir nossas Missões e nos abençoar. Sejam todos bem-vindos.

Leitor 2: A Eucaristia é o encontro dos irmãos com seu Pai e Salvador. Jesus se doa a nós como alimento na Palavra de Deus e na comunhão. Queremos crescer como comunidade na fraternidade. Acolhamos agora a procissão de entrada com os coordenadores e seus quadros e a Bíblia. Canto de entrada.

Leitor 1: Vamos fazer a procissão de entrada, com símbolos e gestos e a realidade de nossa vida. Queremos colocar tudo nas mãos do Senhor.
O Crucifixo: É em Cristo que queremos colocar nossa vida e nossa fé. Jesus é o centro de nossa vida. A Cruz é sinal do amor de Cristo que morreu para salvar a todos. Sem Ele não há comunidade.
A Bíblia: A Palavra de Deus nos convoca a sermos Povo de Deus unido. A Palavra de Deus nos traz luz, orienta, conforta e nos mostra os valores da vida.
As Velas: As velas lembram sempre a Ressurreição de Cristo, que é a Luz do mundo. Não devemos andar nas trevas do erro e do pecado. Devemos viver na luz de Cristo Ressuscitado que nos abriu as portas do sentido da vida e do céu.
As Flores: Elas enfeitam e embelezam. Demonstram o carinho de Deus conosco. Obrigado, Senhor, pelo dom da vida e do amor.

Celebrante: Cantemos: Em nome do Pai...
Ritos iniciais *(conforme folheto)*

Leitor 1: Rito Penitencial *(todos sentados).*
Este é o momento de nos colocarmos diante do amor infinito de Deus para conosco. Deus nos convida todos os dias a sermos melhores. São também muitas as coisas que nos afastam do caminho de Deus. Peçamos perdão **cantando**:
Todos: Piedade de nós *(três vezes).*
Terra: A terra foi criada para todos. Por que está só na mão de poucos? Peçamos perdão pela ganância da humanidade.
Todos: Piedade de nós *(três vezes).*
Corrente: A corrente é sinal de escravidão. São muitos os vícios e defeitos que nos aprisionam. Livrai-nos, Senhor, de todos eles.
Todos: Piedade de nós *(três vezes).*
Galho Seco: É símbolo do pecado, de todo o mal que vai matando por dentro e por fora. Todo ramo separado do

tronco morre. Precisamos de Jesus e uns dos outros para que sempre haja vida.
Todos: Piedade de nós *(três vezes).*
Panela Vazia: É sinal da fome e da falta de fraternidade entre nós. O que sobra em algumas mesas falta na dos outros. Sem comida, sem trabalho e sem amor não dá para viver. Peçamos perdão.
Todos: Piedade de nós *(três vezes).*
Dinheiro: Quando é de mais ou de menos gera sofrimento. Quando somos escravos do dinheiro surgem as guerras e todo tipo de violência. Que não falte o necessário em nossas vidas, Senhor, sobretudo o trabalho digno.
Todos: Piedade de nós *(três vezes).*

Hino de Louvor cantado

Leitura da Palavra: Deus nos fala em sua Palavra sobre o Caminho do Bem e da Justiça. Ouçamos com atenção. Veja no folheto da missa de hoje.

Celebrante: Oração da Comunidade

1. Pelas Missões em nossa comunidade, para que seja um momento forte de Deus e possamos nos unir e resolver juntos nossos problemas, rezemos ao Senhor.
2. Por toda a Igreja, para que como Povo de Deus busque sempre o caminho da justiça e da verdade, rezemos ao Senhor.
3. Por todos os jovens, para que busquem sempre o caminho da verdadeira união e, assim, nos grupos, ajudem a construir uma comunidade melhor, rezemos ao Senhor.
4. Pelos que têm problemas com os vícios, para que encontrem apoio necessário para vencer suas dificuldades, rezemos ao Senhor.
5. Pelos trabalhadores e desempregados, para que encontrem acolhida na comunidade e o Brasil possa resolver seus problemas econômicos, rezemos ao Senhor.

6. Pelos coordenadores dos setores, para que possam continuar evangelizando nossas famílias, rezemos ao Senhor.

Ofertório – Apresentação das oferendas

Leitor 1: Apresentamos a Deus, com o pão e o vinho, as coisas importantes dos jovens.
1. Estudantes: Queremos ser alguém. Estudamos para ser melhores. Quem é melhor deve ajudar mais. Lembramos também aqueles que não tiveram a oportunidade de estudar. Jesus, vós sois o nosso Mestre.
2. Esporte: No esporte aprendemos a desenvolver nossas qualidades físicas, psíquicas e espirituais. Aprendemos a viver em grupo e unidos. Cristo quer que vivamos unidos em comunidade, um ajudando o outro.
3. Violão e Disquete: O coração do jovem é alegre. A música faz parte de nossas vidas. Pela música podemos nos desenvolver, alegrar a todos e ser mais felizes.
4. Namorados: O namoro é um tempo próprio para nos conhecermos e fazermos crescer nosso amor. Assim poderemos preparar nosso futuro lar cristão. Queremos unir nossas vidas e nossas famílias com a comunidade.
5. Trabalho dos Setores: Terço e Fé e Vida: O trabalho de evangelização das famílias é muito importante. Que o Senhor abençoe todos os coordenadores e as famílias visitadas.

Ofertamos tudo cantando
Santo, Cantado – Abraço da Paz, Cantado – Comunhão.

Avisos da Missão: antes da chegada de Nossa Senhora, orientar sobre o trajeto da carreata e os fogos.

Chegada de Nossa Senhora: Canto: Viva a Mãe de Deus e nossa...

Acolhida: Seja bem-vinda, Senhora Aparecida, é a saudação de todos desta comunidade. Olhai com carinho nossas crianças; acompanhai sempre nossos jovens e adolescentes; acompanhe nossos casais e adultos; abençoai nossos idosos e enfermos. Dai a todos a vossa bênção.
Cantamos: *Dai-nos a bênção...*

(NB. Ver quem vai segurar a Imagem no carro-andor. Cada um vai preparar seu carro e buzinar durante o trajeto. No final voltaremos, e Maria ficará num altar, especialmente preparado.)

IV

CELEBRAÇÃO PENITENCIAL – SIMPLIFICADA

Canto de entrada: "Eis-me aqui" – "Fé e Vida", p. 67.

Acolhimento: Em nome do Pai... A Graça de Deus...

Padre: Irmãos, viemos para purificar nossa alma de todo mal e de todo pecado. Graças a Deus, Jesus já morreu e derramou seu sangue para perdão de todos os nossos pecados. Precisamos abrir o coração para que seu sangue e seu amor nos perdoem. Foi no dia de Páscoa que Jesus nos deixou o sacramento do perdão, que traz alegria e paz ao nosso coração. Hoje, vamos receber este sacramento, vamos receber seu perdão por meio de seu ministro.

Padre: Oremos: Perdoai, ó Deus Pai, os pecados de vosso povo e em vossa bondade ajudai-nos a começar uma vida mais santa. Amém.

Cantamos: "Eu vim para escutar"

Vamos ouvir a **Palavra de Deus:**

1ª Leitura – Jesus nos mereceu o perdão: 1Jo 1,8–2,3.

Cantamos: "Tu és, Senhor, o meu Pastor"

Evangelho: A ovelha perdida – Lc 15,1-8.

Reflexão: Todos somos pecadores, mas Jesus já nos perdoou. Acolhamos seu perdão.

Exame de consciência:
– Eu e Deus.
– Eu e minha família.
– Eu e meu trabalho – uso do dinheiro. Eu e minha comunidade.
– Eu e eu mesmo – pensamentos, palavras e omissões.

Pedido de perdão: Senhor, tende piedade de nós...

Obs.: Hoje, vamos confessar só dois ou três pecados que temos mais dificuldade de deixar de cometer. Podemos ir rezando o terço, enquanto confessamos.

V
RENOVAÇÃO DO BATISMO DAS CRIANÇAS

(Animador(a) Leigo(a): Preparar: cruz, círio, bacia com água, Nossa Senhora.)

Presidente: Iniciamos, cantando: Em nome do Pai...
Presidente: Sejam todos bem-vindos: crianças, pais, padrinhos e toda a comunidade. Vamos hoje, na missão, renovar os compromissos do Batismo de nossas crianças e os compromissos dos padrinhos e madrinhas. É tempo de missão, é tempo de alegria, porque somos filhos de Deus e irmãos uns dos outros. É bom vivermos unidos. Que o Senhor abençoe nossa oração. Amém!
Acolhamos a Cruz (dois pais)
Presidente: A Cruz é a lembrança de que nela temos a Salvação que Jesus garantiu derramando seu sangue.
Música: "Ninguém te ama..."
Acolhamos o Círio Pascal (dois catequistas) Velas (velas com fita, todos os Padrinhos).
Presidente: A vela ilumina e aquece. Nossa fé em Jesus também deve iluminar e aquecer nossa vida.

Música: "Deixe a Luz..."

Acolhamos a Bacia com Água (colocar perfume e pétalas de flor) (dois padrinhos).

Presidente: Jesus foi batizado no Rio Jordão; nós, na pia batismal. A água dá vida e purifica. Depois das crianças, podemos renovar nosso batismo.
Música: "Vinde, Pais..."

Presidente: De pé, acolhamos a Palavra de Deus (dois coordenadores), cantando...
Música: "Só entra no céu..." ("Fé e Vida", p. 94).

Leitura: Uma criança lê. Mc 10,13-16 (depois pode fazer-se a encenação do texto pelas crianças).

Mensagem do Presidente: Sentados todos. Jesus gosta das crianças? E as crianças gostam de Jesus? Quem era Jesus? Que veio fazer? Onde encontrar Jesus? Como viver com Jesus?
Terminar convidando todos a cantar.
Música: "Amar como Jesus..."
Presidente: Vamos fazer a Oração dos Fiéis (cada criança lê um pedido).

1. O Batismo nos faz nascer para a vida cristã e de comunidade. Que nós, batizados, sejamos verdadeiras testemunhas de Cristo e praticantes de seu Evangelho, rezemos ao Senhor!
2. Pelo Sacramento do Batismo nos tornamos irmãos em Cristo. Que cada um de nós não tenha vergonha de propagar o Amor de Jesus a nossos irmãos, rezemos ao Senhor!
3. Por intermédio do Espírito Santo, Deus habitou em nosso coração. Que nós sejamos dignos de sua presença e busquemos sempre o vosso Reino de Paz e Amor, rezemos ao Senhor!
4. As águas do Batismo são fontes de vida. Que elas nos purifiquem de nossos pecados, que nos lavem no amor de Deus e nos mergulhem na vida em Cristo, rezemos ao Senhor!

5. Muito além de receber o Sacramento do Batismo, é preciso viver o Evangelho deixado por Jesus. Que cada dia de nossa vida seja uma oportunidade de nos reconciliarmos com Deus e buscarmos o seu Reino, rezemos ao Senhor!

6. É triste saber que em nossa comunidade ainda existem crianças, jovens e adultos que não receberam os Sacramentos da Iniciação Cristã. Que estas Missões despertem em cada um deles o desejo de também receberem o Sacramento do Batismo e nos tornamos irmãos também em Cristo, rezemos ao Senhor!

Presidente: Ó Pai, atendei-nos e abençoai-nos. Por Cristo, Nosso Senhor. Amém.

Presidente: Renovação do Batismo
Enquanto padrinhos (ou pais) acendem as velas no ***Círio Pascal*** e entregam às crianças, explicar que os padrinhos servem para ajudar as crianças na religião.

Os padrinhos ficam do lado direito das crianças e colocam a mão no ombro.

Música: ...

Presidente: Olhando para o Crucifixo, crianças e padrinhos (pais) repitam:

Ó Jesus/ já faz tempo que fizemos o nosso batizado/ e naquele dia/ prometemos viver como filhos de Deus/ e irmãos uns dos outros./ Nesta missão/ estamos renovando este compromisso./ Queremos ser/ vossos filhos amados e protegidos/ e ajudar este mundo/ a ser mais bonito./ Obrigado pela vida,/ pela saúde/ e por seu amor./ Agradeço meus pais e padrinhos/ que sempre me ajudam./ Prometemos seguir-vos mais e melhor,/ participando de nossa comunidade/ com as bênçãos de Nossa Mãe do Céu./ Amém.

Presidente: Salva de Palmas. E agora façam duas filas.
Vamos benzer-nos nas águas, dizendo *"Eu renovo a fé do meu batismo, em nome do Pai"*.

Cantamos: Somos de Deus ("Fé e Vida", p. 93).

Presidente: Depois, os adultos que desejarem podem também ir renovar o seu batismo.

Presidente: Vamos acolher a Imagem de Nossa Senhora (trazida pelos coordenadores), cantando "Mãezinha do céu...

Presidente: Senhora Aparecida, seja bem-vinda à nossa celebração e nos abençoe.

Cantamos a Consagração: "Ó Minha Senhora..." ("Fé e Vida", p. 90).

Presidente: Para encerrar, cantamos: "Dai-nos a bênção" ("Fé e Vida", p. 88).

O presidente dá a bênção com a imagem e inicia os Vivas! Salva de palmas.

Avisos da Missão (ver o programa). Agradecimento a todos.

VI

CELEBRAÇÃO DA FRATERNIDADE

– Lava-Pés – 1 Kg de alimentos – Material higiênico.

(**Lava-Pés:** Uma cadeira, bacia, jarra com água e uma toalha.)

Presidente: Nesta noite, nossa comunidade se reúne para celebrar o amor de Deus por nós. Lembramos a Quinta-feira Santa, o dia que Jesus lavou os pés dos discípulos, deixou-nos a Eucaristia e o mandamento do amor: "Amai-vos uns aos outros como eu vos amei". É o dia de pôr em prática o mandamento do amor e para perdoarmos como Cristo nos perdoou. Todo mundo tem de lutar para viver. Mas há gente que tem a vida mais difícil e passa por mais dificuldades. A fé sem obras é morta, lembra-nos São Tiago. Comecemos nossa celebração cantando: **"Em nome do Pai..."**.

Presidente: A graça e a paz de Deus, nosso Pai, e de Jesus Cristo, nosso Senhor, estejam convosco.
Todos: Bendito seja Deus que nos reuniu no amor de Cristo.

I. Momento Penitencial
Presidente: Sentados, com humildade, peçamos perdão a Deus (tempo de silêncio).

Leitor 1: "Prova de amor maior não há que doar a vida pelo irmão". Se assim é, será que ainda há amor entre os homens? A Igreja vive esse amor? Estamos construindo uma comunidade com união e amor? Preocupamo-nos com os mais pobres?
Todos: Senhor, tende piedade de nós.
Leitor 2: Se existe o amor, por que há desunião entre o clero e há desunião entre os membros da comunidade? Se existe o amor, por que há desunião nas famílias, conflitos entre pais e filhos e brigas entre famílias?
Todos: Senhor, tende piedade de nós.
Leitor 1: Se existe o amor, por que há falta de emprego e de trabalho? Por que há falta de médicos e hospitais? Por que não visitamos o doente que sofre, não socorremos os necessitados da comunidade?
Todos: Senhor, tende piedade de nós.
Leitor 2: Se existe o amor, por que não amamos o próximo como Cristo nos amou? Por que guardamos ódio e desprezo, vingança e rancor? Por que somos orgulhosos e fechados em nosso egoísmo?
Todos: Senhor, tende piedade de nós.
Leitor 1: Se existe o amor, por que não perdoamos quem nos ofendeu e não esquecemos as ofensas recebidas?
Todos: Senhor, tende piedade de nós.
Presidente: Deus, tenha compaixão de todos nós, perdoe os nossos pecados pela falta de amor e de perdão, dê-nos a paz e nos conduza à vida eterna.
T.: Amém.

II. O amor fortalece nossa comunidade
Presidente: Prova de amor maior não há que doar a vida pelos irmãos. Existe amor em nossa comunidade? As catequistas ensinam com amor? Os ministros servem com amor? Os coordenadores coordenam os setores com amor?

Leitor 1: Sim, existe amor entre os homens. Muitos sacrificam a sua vida por causa da paz. Fronteiras estão caindo. Os homens se aproximam uns dos outros. Superam-se preconceitos. Nossa comunidade está mais unida.
Todos: Obrigado, Senhor.
Leitor 1: Sim, existe amor entre os homens. Os cristãos procuram união. O diálogo impõe-se sempre mais. Nasce a consciência de responsabilidade de uns pelos outros. A Igreja se faz mais acolhedora. O clero se aproxima do povo. Os leigos assumem suas tarefas. O Evangelho passa a ser fermento.
Todos: Obrigado, Senhor.
Leitor 1: Sim, temos motivos para agradecer a Deus. O amor de Cristo vai tocando nossos corações. Muitos ouvem o apelo em favor da justiça. Há muitos esforços para realizar a fraternidade entre os homens. As comunidades estão se unindo e resolvendo melhor seus problemas.
Todos: Obrigado, Senhor.

Presidente: Oração: Ó Deus Pai, vosso filho Jesus nos ensinou a viver o amor como ele fez. Concedei-nos força e coragem para viver o amor e a doação entre nós.
T.: Amém.

Presidente: De pé, vamos acolher a **Palavra de Deus**.
Cantando: "Eu vim para escutar".

III. Leitura: 1 Cor 13,1-8 "O amor..." ou
Tiago 2,14-19.26 "A fé sem obras é morta"
Mensagem do Presidente: Comentar a leitura e informar sobre a pastoral social, os doentes e necessitados da comunidade. Ensinar qual é o trabalho dos Vicentinos (ou da Pastoral da saúde).

IV. Lava-Pés: (*Uma cadeira, bacia, jarra com água e uma toalha*). Recordamos agora o bonito gesto de Cristo na Quinta-feira: Lavou os pés dos apóstolos. Colocou-se no lugar dos mais humildes. Ensinou que "quem não vive para servir, não serve para viver". Vamos ver três exemplos, nos quais o servir é fundamental: **na família, no trabalho e nas doenças.**

a) Uma família: pai, mãe e filho. Em nome de todas as famílias, o casal...

Pai: O amor mantém unidos homem e mulher, esposa e esposo, pais e filhos.

Mãe: O amor vence a rotina, cria o diálogo e ajuda a perdoar sempre.

Filho: O amor nos deu a vida, dom de Deus, e a responsabilidade dos nossos pais. O amor desperta a gratidão dos filhos e nos faz descobrir o sentido da vida. Todos nós nascemos para amar e sermos amados.

Todos: O amor prepara para a vida,/ desperta nova esperança,/ renova a sociedade,/ educa para a generosidade e alegra as comunidades./ Deus abençoe todas as famílias.

Cantamos: "Abençoa, Senhor, as Famílias..." enquanto eles lavam seus pés e no fim se abraçam. No fim, damos uma salva de palmas à família.

b) Enfermeira e idoso: Em nome de todas as enfermeiras e idosos, Sr. e Sra. ....

Enfermeira: Não está sendo fácil ser enfermeira. É uma vocação. O amor nos obriga a uma entrega total. Precisamos de sabedoria, paciência e amor.

Idoso: O amor nos ajuda a entender melhor os sofrimentos. Só o amor de Jesus nos dá força para levar a cruz do sofrimento. Ajudai-nos, Senhor.

Todos: Que o amor esteja na vida e no trabalho de todos, para haver mais fraternidade entre nós. Amém!

Cantamos: "Cura, Senhor; onde dói" ("Fé e Vida", p. 83), enquanto eles lavam seus pés e, no fim, se abraçam.

c) Empregador e empregado: Em nome de todos os empregadores e empregados, Sr. .... e Sra. ....

Empregador: O amor cria o emprego e procura segurar e dar condições ao empregado.

Empregado: O amor torna digno o emprego e paga o que é justo.

Todos: O amor tira a ganância do mundo do trabalho, o faz ser mais justo e fraterno e torna a vida humana mais feliz.

Presidente: Cantamos: *"Prova de amor maior não há..."*, enquanto eles lavam seus pés e, no fim, se abraçam.

V. Presidente: Oferta de alimentos e material higiênico para os pobres: **Cantando**: "Na mesa sagrada se faz unidade... "Fé e vida", p. 74.

VI. Presidente: Comunhão. Preparemos nosso coração para receber Jesus. Só Ele nos ensina a repartir.

Pai-nosso – Eis o Cordeiro de Deus – Canto da comunhão: (Ministros dão a Comunhão)

Presidente: Oração (depois da comunhão): Senhor, alimentados pelo Pão da Eucaristia, ajudai-nos a olhar com mais carinho as necessidades e os sofrimentos de nossos irmãos e nos unirmos para resolvê-los. Por Nosso Senhor Jesus.

T.: Amém!

Presidente: Preparemos o nosso coração para recebermos a **bênção de Nossa Senhora.**

Entra um grupo de Vicentinos com Nossa Senhora.

Cantamos: "Dai-nos a bênção..." Vivas a Nossa Senhora, a Cristo e à comunidade.

Presidente: AVISOS. Obrigado a todos pela presença. Boa noite e boa Missão.

VII

MISSA DOS DOENTES E IDOSOS

Sugestões:
– Acolher bem os doentes e idosos no local da Celebração. Colocar sempre os doentes e idosos nos primeiros bancos. Encaminhar ao padre os que desejarem se confessar.
– Se for ministrar o sacramento da UNÇÃO, providenciar antes: Santos Óleos, algodão, álcool (limpeza dos dedos).
– Se possível, providenciar um "presente" para os doentes e idosos. Preparar uma pequena confraternização para todos, mobilizando os setores. Entregar uma mensagem curta e positiva para cada doente.
– Se existir a Pastoral da Saúde ou dos Enfermos, não se esquecer desse pessoal na preparação dessa missa.
– Esse sacramento é para os fiéis que têm doença grave e os idosos, acima dos 60 anos.
– Dar a Unção, a bênção com o Santíssimo Sacramento e com a imagem de Nossa Senhora. Passar perto de todos com os dois.

Mensagem:
– Deve ser uma missa breve, acolhedora e que valorize os enfermos. Sinal do amor de Cristo.

– Mostrar que não são pessoas inúteis, mas importantes na comunidade. Seus sofrimentos não são castigos como aparecem no AT, mas em Cristo os "sofrimentos são para manifestar os desígnios de Deus" (Jo 9,1-7).

O verdadeiro sentido do sofrimento cristão é "completar o que faltou à Paixão do Senhor" (Cl 1,24).

Só com Cristo, podemos levar nossos sofrimentos: "Vinde a mim vós todos que sofreis e estais sobrecarregados e eu vos aliviarei" (Mt 11,28).

CELEBRAÇÃO EUCARÍSTICA

Comentário: Sejam todos bem-vindos. Queremos rezar, hoje, pedindo ao Senhor da Vida que conforte e anime nossos doentes e idosos. São palavras do Cristo: "Vinde a mim vós todos que estais cansados e sobrecarregados e eu vos aliviarei". Queremos, acima de tudo, nesta Eucaristia, dar graças a Deus pela vida de todos nós.

Oração: Ó Deus Pai, quisestes que vosso Filho único suportasse nossas dores e do sofrimento humano. Escutai bondosamente nossas preces por nossos irmãos e irmãs doentes e idosos, que fortalecidos com a vossa graça e bênção, sejam aliviados dos seus sofrimentos e animados a levar a sua cruz com Cristo, que ofereceu sua vida pela salvação de todos. Por nosso Senhor Jesus Cristo, vosso Filho, na unidade do Espírito Santo. – Amém!

Liturgia da Palavra
1. Sofrer é participar da paixão de Cristo (Cl 1,24-26)
Leitor: Leitura da Carta de São Paulo aos Colossenses:

Agora eu me alegro de sofrer por vocês, pois eu completo em minha carne o que falta das tribulações de Cristo, a favor de seu corpo, que é a Igreja. Dela eu me tornei ministro, quando Deus me confiou este encargo junto a vocês: anunciar a realização da Palavra de Deus, o mistério escondido desde o começo dos tempos e desde as gerações, e que agora é manifestado aos cristãos. – Palavra do senhor!

Aclamação ao evangelho
R.: Felizes os que choram, porque serão consolados (Mt 5,4).
Vinde a mim vós todos que estais sofrendo e sobrecarregados e eu vos aliviarei (Mt 11,28).
Completo em minha carne o que faltou às tribulações de Cristo (Cl 1,24).
Se for de vosso agrado afaste de mim este cálice. Contudo faça-se vossa vontade e não a minha (Lc 22,42).

Evangelho: 1. Os sofrimentos não são um castigo de Deus, mas mostram seus desígnios, o que Ele quer de nós (Jo 9,1-7).
Leitor: Ao passar, Jesus viu um homem cego de nascença. Seus discípulos indagaram: "Mestre, quem pecou para que ele nascesse cego, ele ou seus pais?" Jesus respondeu: "Nem ele, nem seus pais pecaram. Isto serve para que as obras de Deus se manifestem nele. Nós temos que realizar as obras daquele que me enviou". Tendo dito isso, Jesus cuspiu na terra, fez barro com a saliva e, com o barro, ungiu os olhos do cego e lhe disse: "Vai lavar-te na piscina de Siloé, que quer dizer Enviado". "O cego foi, lavou-se e voltou enxergando." – Palavra da salvação!

Oração dos fiéis
Cel.: Neste momento, coloquemos diante de Deus nossas preces por nossos irmãos e irmãs doentes, idosos e todos os que sofrem.

1. Por todos os que sofrem, para que sejam amparados e confortados no amor de Deus e por nossa caridade, rezemos ao Senhor.
Todos: Senhor, escutai a nossa prece.
2. Por todos os que passam fome, vivem na miséria ou sofrem na solidão, para que tenhamos com eles gestos fraternos e palavras de esperança, rezemos ao Senhor.
3. Para que todos os doentes sejam confortados pelas palavras de Cristo: "Vinde a mim vós todos que sofreis e eu vos aliviarei", rezemos ao Senhor.

4. Por todos os que trabalham com os doentes e idosos, nos hospitais, asilos, famílias, em nossa comunidade, para que tenham sempre a força que brota do evangelho, rezemos ao Senhor.
(Outros pedidos.)
Senhor, em meio a nossas dores e sofrimentos, nós vos pedimos: confortai-nos com vossa bondade infinita. Por Cristo Nosso Senhor. – Amém!

Oração sobre as oferendas: Ó Deus, de quem depende nossa vida, acolhei estas preces e oferendas por nossos irmãos e irmãs enfermos e idosos para que possamos alegrar-nos com a cura daqueles que nos inspiram tantos cuidados. Por Cristo, nosso Senhor. – Amém!

Prefácio da unção dos enfermos
– O Senhor esteja convosco!
– Ele está no meio de nós!
– Corações ao alto!
– O nosso coração está em Deus!
– Demos graças ao Senhor nosso Deus!
– É nosso dever e nossa salvação!
Na verdade, é justo e necessário, é nosso dever e salvação dar-vos graças, sempre e em todo o lugar, Senhor, Pai santo, Deus eterno e todo-poderoso, por Cristo, nosso Salvador.

Quisestes que vosso Filho único, autor da vida, médico dos corpos e das almas, assumisse nossas enfermidades, para nos socorrer na hora das provações e nos santificar na experiência da dor.

Pela unção do óleo sacramental e pela prece da Igreja, tirais os pecados e aliviais nossas penas. Pela infusão do Espírito Santo, nos tornais participantes da vitória pascal.

Por esse isso unidos aos anjos e aos santos vos aclamamos cantando (dizendo) a uma só voz: Santo, Santo, Santo...
Oração eucarística II.

Oração depois da comunhão: Ó Deus, único apoio da fraqueza humana, mostrai vosso poder em nossos doentes e idosos, a fim de que, restabelecidos por vossa misericórdia, possam de novo participar da vida de nossa comunidade. Por Cristo, nosso Senhor. – Amém!

Rito da unção dos enfermos

Bendito sejais, ó Deus, Pai todo-poderoso, que, por nós e para nossa salvação, enviastes vosso Filho ao mundo.

Todos: Bendito seja Deus para sempre.

– Bendito sejais, ó Deus, Filho Unigênito, que, assumindo nossa condição humana, quisestes curar nossas fraquezas.

Todos: Bendito seja Deus para sempre.

– Bendito sejais, ó Deus, Espírito Santo Paráclito, que socorreis a fraqueza de nosso corpo com vossa força eterna.

Todos: Bendito seja Deus para sempre.

– Senhor, que vossos filhos, ungidos na fé por este santo óleo, possam sentir alívio em suas dores, o perdão dos pecados e conforto de Jesus. Por Cristo, nosso Senhor. – Amém!

A Sagrada Unção: Por esta santa unção, e por sua infinita misericórdia, o Senhor venha em teu auxílio com a graça do Espírito Santo; para que, liberto de teus pecados, ele te salve, e em sua bondade, alivies teus sofrimentos. – Amém!

Oremos: Curai, Redentor nosso, pela graça do Espírito Santo, os sofrimentos destes vossos filhos. Sarai suas feridas, perdoai seus pecados, e expulsai para longe deles todos os sofrimentos espirituais e corporais.

Concedei-lhes plena saúde de alma e corpo, a fim de que, restabelecidos por vossa misericórdia, possam retomar suas atividades. Vós que sois Deus, com o Pai, na unidade do Espírito Santo. – Amém!

(*Vamos ungir todos os doentes e idosos*).

Bênção da água para os doentes

Oremos: O Pai, que em vossa celestial bondade afastais das pessoas os males e concedeis os bens. infundi † nesta água a graça de vossa bênção para que, pela graça de Jesus e a intercessão da Bem-Aventurada Virgem Maria, os doentes que dela tomarem consigam a saúde do corpo e a proteção para a alma. E as mães que esperam seus filhinhos, livres de todos os males, possam levá-los com alegria às águas do santo batismo. Por Jesus Cristo, vosso Filho, na unidade do Espírito Santo. – Amém!

Bênção dos doentes (Ausentes)
Oremos: Olhai, Senhor, para vossos filhos que estão sofrendo com as doenças do corpo e da alma. Confortai-os e que seus sofrimentos se unam aos de Cristo, e por Ele sejam curados.

Ó Pai de misericórdia, consolador dos fiéis, imploramos vossa grande compaixão para nossos doentes! Ao lhe darmos esta bênção, ide com eles, Senhor, para junto de seus sofrimentos. Tende piedade de nossos doentes, Senhor! Restituí-lhes a saúde perdida e possam, na Igreja, agradecer-vos com toda a Comunidade.

Nosso Senhor Jesus Cristo esteja perto de vós para vos defender; esteja em vosso coração para vos conservar; que Ele seja vosso guia para vos conduzir; que vos acompanhe para vos guardar; que sobre vós derrame sempre sua bênção. **Abençoe-vos Deus todo-poderoso, Pai, Filho e Espírito Santo! Amém!**

MÚSICAS: Simples e todos possam cantar: "Eu confio" ou "Cura, Senhor, onde dói" ou "Dai-nos a bênção".

VIII

CELEBRAÇÃO DA PROCISSÃO LUMINOSA E VIA-SACRA

(**Escolher cinco casas** e deixar as cinco estações marcadas. Levar o **andor de Nossa Senhora e a Cruz da Missão**. Arrumar velas com proteção. Som portátil. Lanterna.)

Presidente: Sejam todos bem-vindos. Hoje, na Missão, vamos realizar a Procissão Luminosa em forma de Via-Sacra.

– **A Procissão:** É uma reza feita em caminhada; um depois do outro.
– **Luminosa:** Por que feita com velas? A vela é o símbolo da nossa fé em Cristo Ressuscitado.
– **A Via-Sacra:** Foi o Caminho Sagrado que Jesus percorreu desde Pilatos até à morte no calvário. Tem tradicionalmente 15 estações ou momentos. Resumimos para cinco momentos o caminho da Via-Sacra. Nós vamos também caminhar e pararemos na casa de alguns irmãos, pois somos o Povo de Deus que quer caminhar unido.

Presidente: Ouçamos, antes, a Palavra de Deus: Canto: "Eu vim para" (ler Jo 8,12.31.47).

Presidente: Esta é a noite das luzes. Se Jesus é a Luz do mundo, nós também queremos caminhar seguindo Jesus, que é o "caminho, a verdade e a vida". No final da caminhada, renovaremos nossa fé em Cristo, Senhor da nossa vida e da história, e faremos a nossa Consagração à Mãe de Deus e nossa, para que ela seja modelo da nossa perseverança.

– Nós sairemos em Procissão, parando em frente das cinco casas, onde faremos a nossa meditação.

– Podemos acender nossas velas, pois queremos acompanhar Jesus, Luz do mundo.

– Na procissão, a Cruz vai à frente e os coroinhas também. Depois vai o andor e vamos nós.

Saída da procissão para a primeira casa. Cantamos: "O Povo de Deus" ou "Eu confio".

Presidente: Primeira Casa: Jesus recebe a Cruz: *Nós vos adoramos, ó Jesus, e vos bendizemos, porque pela vossa santa cruz remistes o mundo.*

Entregaram a Jesus uma cruz. Era dele ou era nossa? Quem nasce já nasce com uma cruz. A cruz de Jesus era mais nossa (são nossos pecados) que dele. Que mal ele fez? Paulo nos lembra que para nós a Cruz de Jesus é fonte de salvação, por que nela Jesus nos perdoou e mostrou seu amor. Seu sangue nos salvou. O sinal da cruz é o sinal do cristão, pois é o sinal do amor de Cristo. A cruz de Cristo é a maior prova de amor: "Cristo me amou e se entregou por mim". "Vinde a mim todos os sobrecarregados, eu vos aliviarei."

Repitam comigo: Ó Jesus, muito obrigado por sua cruz. Dai--nos força/ para levarmos nossa cruz com o Senhor. Pai nosso...

Canto: Com a cruz é carregado e do peso acabrunhado, vai morrer por teu amor. Pela Virgem...

Pela Virgem dolorosa, Vossa Mãe tão piedosa, perdoai-me, meu Jesus.

Presidente: Segunda Casa: Jesus caiu três vezes. *Nós vos adoramos...*
Foi fraqueza? Foi empurrado? É certo que se machucou. E nós por que caímos? Somos fracos e pecadores. Deus nunca se cansa de nós; sempre nos espera. Jesus se levantou as três vezes e nós também devemos procurar levantar-nos dos pecados.
Repitam comigo: Ó Jesus,/ quando cairmos,/ ajudai-nos a levantar-nos dos nossos pecados/ por uma boa confissão. Pai nosso...
Canto: Pela cruz tão oprimido, cai Jesus desfalecido, pela tua salvação. Pela Virgem...

Presidente: Terceira Casa: Quem ajudou Jesus? *Nós vos adoramos...*
A primeira pessoa foi **Sua Mãe:** uma espada atravessará sua alma. Foi levar ânimo, coragem.
A segunda pessoa foi **Cirineu:** ele ajudou Jesus a levar a cruz, mas foi obrigado. E era da comunidade (Pai de Alexandre e Rufo).
A terceira pessoa foi **Verônica:** quando ajudou e limpou-lhe o rosto na toalha. Foi corajosa. Também as mulheres que choravam por Jesus o ajudaram. Tiveram compaixão. Jesus disse chorai antes por vocês mesmas e vossos filhos.
Repitam comigo: Ó Jesus,/ queremos ajudar a levar sua cruz,/ levando a cruz dos nossos irmãos. Pai nosso...
Canto: No caminho do calvário, um auxílio necessário, não lhe nega o Cirineu. Pela Virgem

Presidente: Quarta Casa: Quem fez Jesus sofrer? *Nós vos adoramos...*
O primeiro foi **Pilatos:** condenou Jesus sem ter motivo e depois lavou as mãos.
Outros foram as **Autoridades:** acusaram Jesus por medo de perder seus lugares.

Também os **soldados:** quando fizeram para Jesus uma coroa de espinhos e o pregaram na Cruz. Mas foi um deles o primeiro a reconhecer que Jesus era o Filho de Deus.

Repitam comigo: Ó Jesus,/ mais que eles,/ foram meus pecados,/ que vos fazem sofrer. Pai nosso...
Canto: Sois por nós na cruz pregado, insultado blasfemado, com cegueira e com furor. Pela Virgem...

Presidente: Quinta Casa: Jesus morreu por amor. Nós vos adoramos...
"Não tem maior amor que dar a vida pela pessoa amada."
"Tendo amados os seus... amou-os até o fim." Em sua morte nossos pecados foram perdoados. Nós é que deveríamos estar na Cruz, não Jesus. Ele ficou lá por todos nós. Grande é o amor de Jesus por nós! E como é o nosso amor por Ele?
Jesus pregado na Cruz nos fala:
– Eu sou a **Luz** e você não me vê.
– Eu sou o **Caminho** e você não me segue.
– Eu sou a **Verdade** e você não crê em mim.
– Eu sou a **Vida** e você não me procura.
– Eu sou o **Mestre** e você não me ouve.
– Eu sou **Deus** e você não recorre a mim.
– Eu sou teu grande **Amigo** e você não me ama!
Se te **sentires infeliz** não ponhas a culpa em mim!

Repitam comigo: **Ó Jesus,/ tenha piedade de nós./ Perdoai mais uma vez/ nossos pecados./ Ó Jesus,/ antes morrer,/ do que pecar! Pai nosso...**
Canto: Meu Jesus por mim morreste, por nós todos padeceste, oh quão grande é tua dor. Pela Virgem...

Presidente: Na igreja, celebramos a ressurreição e faremos os Compromissos à luz do Círio Pascal:
Nós vos adoramos... Nós cremos que **Jesus Ressuscitou** no Domingo de Páscoa e apareceu muitas vezes a seus Apóstolos e a mais de 300 irmãos nossos, diz Paulo. Hoje, está presente **na Eucaristia**, na Comunidade unida e nos mais pobres.

Cada Domingo, na Eucaristia, celebramos e atualizamos a vitória e Ressurreição de Jesus que nos dá força para nós vencermos também. Alimentamo-nos de sua Palavra e de seu Corpo e Sangue. "Fazei isto em memória de mim." Pois eu estarei convosco todos os dias até o fim dos tempos. Por isso a Eucaristia é tão importante em nossa vida e crescimento espiritual e para que a comunidade cumpra sua missão de evangelizar.

Repitam comigo: **Obrigado, Senhor,/ por vossa Vitória,/ que é certeza de nossa vitória também./ Queremos valorizar mais/ a eucaristia cada domingo/ e sua presença na comunhão. Pai nosso...**

Canto: Vitória, tu reinarás, ó Cruz, tu nos salvarás. Aumenta a confiança do pobre e do pecador. Confirma nossa esperança, na marcha para o Senhor.

Presidente: Profissão de Fé: Levantando o braço para Jesus, digam:

Creio em Deus Pai criador, Filho salvador e Espírito Santo santificador. Creio que sou filho de Deus e responsável pela vida do mundo. Creio na dignidade de cada pessoa, desde sua concepção. Creio na vida de família, onde há amor, diálogo e união. Jesus veio nos ensinar que ele é o caminho que devemos seguir; a verdade e os valores pelos quais viver em comunidade.

Creio que Jesus continua presente em nossa vida, em nossas famílias e nas comunidades. Somos a comunidade de Jesus. Creio no valor do trabalho, no valor da honestidade, da justiça e do amor.

Creio que o pecado destrói as pessoas, destrói as família e as comunidades. Com Jesus queremos construir seu reino aqui, para com ele reinar no céu. Amém.

Canto: Creio, Senhor, mas aumentai...

Consagração: Olhando para o andor, cantamos: "Ó minha Senhora" e "Dai-nos a bênção".

IX

MISSA DAS FAMÍLIAS
"UNIDOS PARA SEMPRE NO AMOR"
ENCERRAMENTO

(Preparar a igreja como se prepara para casamento. Escolher bem as músicas. Animadas. Marcha nupcial e Ave-Maria. Escolher quatro casais (só carregam, não leem). Leitores: quatro (se puder casais): 1ª Leitura – Salmo – Preces – Ação de Graças.)

Comentarista: Estamos chegando ao fim de nossas Missões Leigas. Hoje, queremos pedir e rezar por nossas Famílias.
(Queremos, também, santificar os casais que desejam casar-se no religioso. São os Casais NN...)
Nossas famílias precisam ser um lugar de amor, de fidelidade e de respeito. Queremos construir a "Igreja doméstica", pela presença de Jesus e da oração em nossos lares. Peçamos com amor pelas famílias de nossa Comunidade.
Procissão de Entrada: coroinhas, leitores, padre, música normal de entrada de missa.
Com.: Acolhemos agora estes casais em nome de todos. Eles trazem para nós as coisas necessárias para a Celebração:

Velas: A vela acesa é sinal de nossa fé na presença de Jesus Ressuscitado.
Bíblia: Contém a Palavra de Deus escrita, que deve orientar a vida da família para que seja boa.
Pão e vinho: Que serão o corpo e o sangue de Jesus, que recebemos na comunhão, para formar um só Corpo.
Casal e filhos: Os filhos são a maior bênção de Deus e vossas maiores preocupações.

Canto da Família: "Que nenhuma família'

Com.: Acolhamos agora os casais que vão celebrar seu matrimônio ao som da Marcha Nupcial. São eles NN...
Padre: Em nome do Pai... A graça de Nosso Senhor Jesus Cristo.
Padre: Ato Penitencial – Humildemente peçamos perdão dos pecados.
Esposo: Pela falta de respeito entre nós, faltando o diálogo e com o perdão...
Esposa: Porque não nos amamos como deveríamos, fazendo de nosso lar um lugar santificado...
Esposo: Pelos maus exemplos que demos aos nossos filhos dentro de nosso lar...
Esposa: Por não ensinarmos aos filhos a religião, o amor à Palavra de Deus e aos outros...
Esposo: Pelas infidelidades e maus exemplos dados pelos casais de nosso bairro...
Padre: Deus...

Padre: Glória a Deus – Cantado
Padre: Oremos: Derramai, Ó Deus, as vossas bênçãos sobre todos estes casais. Olhando o exemplo da família de Nazaré, José, Maria e Jesus, sejam eles também abençoados e confirmados em sua perseverança e fidelidade. Por Nosso Senhor Jesus Cristo.
T.: Amém.

Leitor – Leitura da Carta aos Efésios: Maridos, amai as vossas mulheres, como Cristo amou a Igreja e se entregou por ela, para santificá-la, purificando-a pela água do batismo com a palavra, para apresentá-la a si mesmo toda gloriosa, sem mácula, sem ruga, sem qualquer outro defeito semelhante, mas santa e irrepreensível. Assim os maridos devem amar as suas mulheres, como a seu próprio corpo. Quem ama a sua mulher, ama-se a si mesmo. Certamente, ninguém jamais aborreceu a sua própria carne; ao contrário, cada qual a alimenta e a trata, como Cristo faz à sua Igreja, porque somos membros de seu corpo. Por isso, o homem deixará pai e mãe e se unirá à sua mulher, e os dois constituirão uma só carne. Este mistério é grande, quero dizer, com referência a Cristo e à Igreja. Em resumo, o que importa é que cada um de vós ame a sua mulher como a si mesmo, e a mulher respeite o seu marido. – Palavra do Senhor. **– Graças a Deus.**

Salmo responsorial
– Feliz o homem que respeita o Senhor e anda em seus caminhos.
1. Será poderosa sua descendência na terra, e bendita a raça dos homens retos. Suntuosa riqueza haverá em sua casa, e para sempre durará sua abundância.
2. Como luz se eleva, nas trevas, para os retos, o homem benfazejo, misericordioso e justo. Feliz o homem que se compadece e empresta; que regula suas ações pela justiça.
3. Nada jamais o há de abalar: eterna será a memória do justo. Não temerá notícias funestas, porque seu coração está firme e confiante no Senhor.

Padre: Evangelho Mc 10,2-9: Chegaram os fariseus e perguntaram-lhe, para o pôr à prova, se era permitido ao homem mandar embora sua mulher. Ele respondeu-lhes: "Que vos ordenou Moisés?". Eles responderam: "Moisés permitiu escrever carta de divórcio e despedir a mulher". Continuou Jesus: "Foi devido à dureza de vosso coração que ele vos deu essa lei; mas, no princípio da criação, Deus os fez homem e mulher. Por isso, deixará o homem pai e mãe e se unirá à sua mulher; e os dois não serão senão uma só carne. Assim, já não são dois, mas uma só carne. Não separe, pois, o homem o que Deus uniu".

Mensagem: Família é bênção de Deus. Amor e respeito. Filhos...

(Quando há legitimações – Compromissos matrimoniais e Renovação.)

Padre: Queridos, Noivos, é de livre e espontânea vontade que vocês querem casar?
Vocês prometem amor e fidelidade para sempre?
Prometem receber os filhos como dom de Deus e prometem educá-los na fé cristã?

Noivos: Eu NN... te recebo NN... por minha esposa e te prometo ser fiel na alegria e na tristeza, na saúde e na doença, amando-te e respeitando-te todos os dias de minha vida.
Noivas: Eu NN... te recebo NN... por meu esposo e te prometo ser fiel na alegria e na tristeza, na saúde e na doença, amando-te e respeitando-te todos os dias de minha vida.

Padre: Deus confirme este vosso compromisso que manifestastes perante Deus e perante a comunidade. O que Deus uniu o homem não separe. Em nome do Pai...

Padre: Bênção das Alianças: As alianças lembram vosso dever de amor e de fidelidade.
Padre: Oremos: Ó Deus, que fizestes aliança conosco em Jesus Cristo, abençoai estas alianças. Sejam elas um sinal de amor e de fidelidade. Ajudai-os, Senhor, a serem fiéis até o fim. Amém.
Esposos: NN... Recebe esta aliança como sinal de meu amor e de minha fidelidade. Em nome do Pai.
Esposas: NN... Recebe esta aliança como sinal de meu amor e de minha fidelidade. Em nome do Pai...

Padre: Renovação do Casamento: Esposos(as) (de mãos dadas): Senhor, eu renovo, hoje, meu amor total e exclusivo à(ao) esposa(o) que me deste e prometo viver em mútua doação e amor, sobre o vosso olhar de Pai. Amém.

Padre: Bênção das Alianças: Renove, Senhor, a bênção das alianças destes casais para que permaneçam firmes em seu amor e fidelidade até o fim. Amém. Podem beijar as alianças. Vou jogar uma água benta, enquanto cantamos: "Abençoa, Senhor, as famílias".

Oração da Comunidade
Padre: Rezemos, irmãos, por toda a Igreja e por estas famílias.
L.: Pela Igreja, para que seja santa e fraterna e ajude sempre as famílias a viverem a fé e o amor. Rezemos ao Senhor.
T.: Senhor, escutai nossa prece.
L.: Pelas famílias, para que saibam viver sempre na compreensão, diálogo e um ajudando o outro. Rezemos.
L.: Pelas famílias pobres ou separadas, para que tenham nossa ajuda e nosso apoio. Rezemos.
L.: Pelos jovens, para que saibam preparar-se bem, com responsabilidade e seriedade para seu casamento. Rezemos.
Padre: Senhor, vós que nos amais tanto, olhai para nossas famílias e as protegei. Por Jesus Cristo, Nosso Senhor.

Depois da Comunhão – Ação de Graças

Padre: Nossa resposta será: Obrigado, Senhor.
Esposo: Senhor, pela vocação que nos deste ao matrimônio cristão.
T.: Obrigado, Senhor.
Esposa: Por que nos chamaste a fazer parte da Igreja, como uma "Igreja Doméstica".
T.: Obrigado, Senhor.
Esposo: Pela vossa bênção em nossos trabalhos, sofrimentos e realizações.

T.: Obrigado, Senhor.
Esposa: Pelos filhos que recebemos de vossas mãos.
T.: Obrigado, Senhor.
Esposo: Por nos terdes conservados unidos e firmes no amor.
T.: Obrigado, Senhor.
Esposa: Pelos dias felizes e pelas alegrias de nosso casamento.
T.: Obrigado, Senhor.

Oremos: Bênção nupcial. – Bênção do Cruzeiro – Levar andores.
Final – Cantamos: "Nossas famílias serão abençoadas". – Bênção final.

Quarta parte

TEMAS DE APROFUNDAMENTO

Temas de Aprofundamento:
São vários os temas escolhidos, que me pareceram mais importantes. Ninguém ama o que não conhece; é a formação necessária em tudo e também para ser um bom missionário leigo.

TEMAS DE APROFUNDAMENTO

1. A Evangelização na Igreja
2. A Liderança na Comunidade
3. Breve História das Missões Cristãs
4. Maria, Mãe e Missionária
5. Padres mais Missionários

1

A EVANGELIZAÇÃO
NA IGREJA

1. Necessidade
2. Missão
3. Evangelizar
4. Conselho Pontifício
5. Sínodo da Evangelização

1.1 - A humanidade tem necessidade de libertação e redenção

Todos somos pecadores. A humanidade tem necessidade de ser libertada e redimida. A própria criação, afirma São Paulo, sofre e nutre a esperança de entrar na liberdade dos filhos de Deus (cf. Rm 8,19-22). Essas palavras são verdadeiras também no mundo de hoje. A criação sofre. A humanidade sofre e espera a verdadeira liberdade, aguarda um mundo diferente, melhor; espera a "redenção".

São Paulo compreendeu bem que somente em Cristo a humanidade pode encontrar a redenção e a esperança. Por isso, sentia urgente a missão de "anunciar a promessa da vida em Jesus Cristo" (2Tm 1,1), "nossa esperança" (1Tm 1,1), a fim de que todos os povos possam participar na mesma herança e tornar-se partícipes da promessa por meio do Evangelho (cf. Ef 3,6).

Ele estava consciente de que, sem Cristo, a humanidade permanece "sem esperança e sem Deus no mundo (Ef 2,12), sem esperança porque sem Deus" (*Spes salvi*, 3). Com efeito, "quem não conhece Deus, mesmo podendo ter muitas esperanças, no fundo está sem esperança, sem a grande esperança que sustenta toda a vida" (Ef 2,12).

1.2 - A Missão é uma questão de amor

Por conseguinte, anunciar Cristo e sua mensagem salvífica constitui um dever premente para todos. "Ai de mim, se eu não anunciar o Evangelho!", afirmava São Paulo (1Cor 9,16).

Como diz o Documento de Aparecida, n. 18: "Conhecer Jesus é o melhor presente que qualquer pessoa pode receber; tê-lo encontrado foi o melhor que ocorreu em nossas vidas e fazê-lo conhecido com nossa palavra e obra é nossa alegria".

1.3 - Evangelizar sempre

Enquanto a primeira evangelização em não poucas regiões do mundo permanece necessária e urgente, a escassez de clero e a falta de vocações afligem hoje várias Dioceses e Institutos de vida consagrada. É importante reiterar que, mesmo na presença de dificuldades crescentes, o mandato de Cristo de evangelizar todos os povos permanece uma prioridade.

Nenhuma razão pode justificar uma sua diminuição ou uma sua interrupção, dado que "a tarefa de evangelizar todos os homens constitui a missão essencial da Igreja" (Paulo VI, EN, 14). Pois toda a Igreja é Missionária em sua essência; de tal modo que ou "a Igreja é missionária ou não é Igreja".

1.4 - Conselho Pontifício para a Promoção da Evangelização

Foi diante da premente necessidade, sentida pelo Papa Bento XVI, que ele criou o Conselho da **Evangelização.** E tendo o apoio dos Bispos das maiores Dioceses da Europa, já foi começado um trabalho para uma nova evangelização, realizando a "Missão Metrópole".

1.5 - Sínodo da Evangelização

Realizou-se para "ajudar as pessoas a terem um *novo encontro com o Senhor*, o único que dá sentido profundo e paz para a existência, e *para favorecer a redescoberta da fé*, a fonte de graça que traz alegria e esperança na vida pessoal, familiar e social. Obviamente, essa orientação particular não deve diminuir nem *o impulso missionário*, em sentido próprio, nem *as atividades ordinárias* de evangelização em nossas comunidades cristãs", lembrou-nos Bento XVI.

O Sínodo nos recordou o **esforço de renovação** que a Igreja é chamada a fazer para estar à **altura dos desafios que o contexto social e cultural de hoje coloca à fé cristã**, ao seu anúncio e ao seu testemunho, como consequência das profundas mudanças em curso.

"Busquemos novos caminhos, capazes de falar às culturas de hoje."

2
A LIDERANÇA NA COMUNIDADE

1. Jesus é o maior líder e deu exemplo.
2. Qualidades dos coordenadores(as)

Vivemos em sociedade, pois somos seres sociais; não somos ilhas.
E como toda sociedade precisa de quem a oriente e conduza. Não podemos viver na desordem e na irresponsabilidade. Chamamos *Liderança* todos os Coordenadores e responsáveis pelas Pastorais e Movimentos na Paróquia.

Sem dúvida, *coordenar é uma arte e um dom*; e pede muita responsabilidade. Há no mundo uma crise de autoridade e com facilidade caímos em extremos e abusos. O povo diz: "quem não vive para servir, não serve para mandar". Ora o *autoritarismo* e o *machismo* são um imenso abuso da autoridade, demonstração de prepotência, de egoísmo, de orgulho etc. Esse é um problema demasiado sentido no ambiente familiar, no ambiente da comunidade cristã e mesmo na sociedade humana.

2.1 - Jesus é o maior líder e deu exemplo

Podemos **lembrar Jesus** como *exemplo e modelo* a seguir em toda a liderança da Paróquia ou da Comunidade. Primeiro Jesus dá seu *exemplo*: "Eu vim não para ser servido, mas servir" (Mc10,45). Depois lavou os pés dos discípulos. E diz mais: "ninguém tira a minha vida; eu a dou para que todos tenham vida" (Jo.10,18). E, na cruz, disse: "Pai, em tuas mãos, eu entrego o meu espírito" (Lc 23,46). Foi seu supremo ato de amor e doação; por isso se torna modelo para todos.

Mas Jesus deixou também *orientações claras* para *toda a comunidade*. "Quem entre vós quiser ser o maior, seja o servidor de todos" (Mt 23,11). "Eu vim para que todos tenham vida" (Jo 10,10).

Jesus deixou orientações para seus Apóstolos em Lc 9,1 e Mt 10,1ss e, agora, servem para nossas lideranças. Vamos seguir os passos de Jesus:

– *Chamou-os*: escolheu quem Ele quis.
– *Esteve com eles*: experimentaram sua companhia, conviveram. Acreditaram.
– *Enviados*: vão e anunciem.
– *Pregar*: anunciar o Reino de Deus. Jesus é a Verdade. Levem a Paz.
– *Poder*: Ele que garante. Nós colaboramos.
– *Frutos*: São certos. É obra do Senhor.

Coordenar não é fácil, mas sempre podemos aprender quando queremos. A própria palavra já nos ensina que coordenar é *ordenar com*. Não fazer nada sozinho! A maior tentação é querer fazer tudo sozinho, por que acha que a responsabilidade é só dele e só ele sabe fazer. No fundo quer aparecer e mostrar que ele é que fez. E quando alguém critica ou diz que podia ser diferente, logo busca um jeito de cair fora e largar tudo. Não é tão difícil encontrar esse tipo de líder! Mas graças a Deus temos também exemplos de quem sabe se doar de um modo sincero e com muita fé. Quantos sacrifícios e doação pelo bem dos outros e da comunidade!

Coordenar, pois, é fazer com que tudo corra em ordem e da melhor maneira possível e sem perda de tempo; e é, também, fazer com que as pessoas participem e se sintam bem. É como um treinador em campo de futebol. Ninguém é profeta sozinho. Preparar-se com cursos, leituras de livros que ajudam, é meio de que dispomos.

Por exemplo: *Coordenador de Pastoral* (grupo, setor, movimento etc.) é coordenador de pessoas com uma missão. Ter clareza da missão do grupo e dos objetivos a alcançar. Nos grupos cristãos sempre haverá: oração – busca de aumentar a fé (Bíblia) e sempre lutar pela vida e pela justiça.

O papel do coordenador é sempre animar o grupo e procurar que todos colaborem. Acreditar no que se está fazendo. Saber que nada se faz sem dificuldades e luta; e que perfeito só Deus!

2.2 - Qualidades dos coordenadores(as)

Qualidades humanas:

Amizade: Saber ouvir e acolher.
Ser humano: ser bondoso. Conhecer e partir sempre da realidade.
Repartir tarefas: conhecer os dons e saber das dificuldades.
Diálogo: aproximar-se para ajudar. Os outros também têm razões.
Entusiasmo: valorizar as vitórias, apesar das derrotas.
Unidos: a união faz a força e as vitórias são de todos.

Qualidades evangélicas:

Fé: é serviço de Deus. Fazer tudo por Ele.
Confiança: Deus é que vai abençoar os frutos.
Humildade: é um serviço na simplicidade e na liberdade.

Fidelidade: fazer bem nossa parte. Não ter medo.
Perseverança: Não desanimar à toa. Quem perseverar será alvo.
Amor: Só o amor constrói.

Tipos de líderes:

Democrático: reparte funções.
Profético: abre a comunidade para o futuro.
Prático: trabalha bastante e é organizado.
Liberal: deixa tudo solto. Gosta de agradar.
Paternalista: faz tudo para os outros.
Ditador: nunca dá chance a ninguém. Só ele quer aparecer.
De coesão: une todos. Não permite dispersão.

Concluímos, depois das orientações dadas, que coordenar é uma grande doação e uma grande responsabilidade. Saber trabalhar em equipe e aceitar a colaboração dos outros é garantia de que vai dar certo. Saber ouvir os motivos dos outros e prestar atenção às suas propostas garante a unidade da comunidade. E como o plano não é nosso, mas de Deus, isso dá-nos a humildade e a capacidade de aceitar as críticas e sabermos que só na perseverança, seremos salvos.

3
BREVE HISTÓRIA DAS MISSÕES CRISTÃS

1. Prática missionária de Jesus
2. Missão nas primitivas comunidades cristãs
3. Caminhando pela história...
4. Para onde vai a Missão?
5. Conclusão da Caminhada Histórica

– **Missões Cristãs:** são as várias iniciativas e movimentos, que, ao longo da história, procuraram levar o anúncio do Evangelho de Jesus Cristo com seus conteúdos centrais, experiências e realizações aos mais necessitados, começadas com os Apóstolos. Continuando a Missão de Jesus Cristo, as missões buscam renovar a fé pessoal e Comunitária; e reorganizar a paróquia em ***comunidade de comunidades***.

– A *missionariedade* de toda a Igreja torna-se a grande proposta do Documento de Aparecida (2007), no desafio de colocar a Igreja, como um todo e cada comunidade eclesial, *em estado permanente de missão*, dadas as circunstâncias e o contexto atual em que a Igreja está inserida.

– Pela História das Missões, vamos conhecer as várias **mudanças e enfoques** da ação missionária da Igreja, o que nos faz clarear e iluminar nosso agir missionário, hoje. A palavra *Missão* contém uma *realidade rica, complexa e dinâmica*.

3.1 – Prática missionária de Jesus

Aprofundando os escritos evangélicos aprendemos que a ação do Espírito Santo foi marcada por **sete momentos**:

1) Durante a Vida Pública, Jesus apresenta seu **projeto missionário a ser implantado** – Mc 1,14ss.

2) No dia de Pentecostes apresenta-o como a **abrangência rumo à universalidade da missão** – At 1,8.

3) A instituição dos diáconos, o discurso e o martírio de Estevão derrubam os **muros da intolerância** e do preconceito na comunidade cristã – At 5,6.

4) A pregação na Samaria e o batismo do eunuco estende o **alcance da ação missionária** – At 8,27.

5) A conversão do centurião romano Cornélio mostra a ação **do Espírito Santo na missão** – At 10,34.

6) A comunidade de Antioquia: modelo de **comunidade verdadeira missionária** – At 13,3.

7) A decisão missionária tomada no Concílio Apostólico de Jerusalém: passo decisivo para configurar **a missão da Igreja na perspectiva missionária – At 15,30ss.**

3.2 – Missão nas comunidades cristãs primitivas

Por meio da Palavra de Deus, sobretudo nos Atos dos Apóstolos e nas cartas de Paulo, com os primeiros cristãos aprendemos que **"a missão é uma atividade que transforma a realidade e que, simultaneamente, se transforma"**; pois evangelizaram, buscando novas formas de acordo com as culturas e as circunstâncias.

Os três primeiros séculos da missão foram caracterizados pelas *perseguições e pelo martírio*, mas o sangue dos mártires fecundou a missão, e as comunidades cristãs em todo o Império Romano cresceram *quantitativa e qualitativamente*.
As principais **diretrizes e valores** são:
1) **No centro, Jesus Cristo**, sua palavra e seu exemplo;
2) **Vida comunitária**, vivida em profundidade;
3) Evangelizar apesar das **perseguições**;
4) Escolha preferencial **pelos pobres**.

3.3 – Caminhada pela história

a) **No século IV**, o Império Romano mudou sua política com Constantino e, depois, com Teodósio. A religião católica de perseguida tornou-se lícita e, em 380, ganhou *status* de religião oficial do Império. Essa mudança teve seu lado *positivo e negativo*. **Positivo**, porque favoreceu a missão aos povos estrangeiros e, **negativo**, porque enfraqueceu aquela missão típica do povo, fazendo com que a missão perdesse sua peculiaridade de **anúncio de um dom** e assumisse características guerreiras, chagando-se às cruzadas, com a Cruz ia também a espada.

b) **Os modelos missionários do século XVI** com as conquistas têm como base comum: *a glória de Deus, a salvação das almas e a expansão da Igreja*. O domínio que as cortes de Portugal e da Espanha exerciam sobre a Igreja foi criando problemas cada vez mais sérios para a ação missionária nas colônias, fazendo com que, em **1622, o papa Gregório XV**, por meio da Bula *Inscrutabili Divinae*, criasse a **Congregação da Propaganda Fide**, com os seguintes **objetivos**:

1) Todo o ministério da Igreja católica, entre não católicos, deveria ser incumbência **exclusiva do Papa**;
2) Enfrentar a nova configuração religiosa da Europa, pelo surgimento da **Reforma protestante no século XVI**.

As ações da Congregação, portanto, não se dirigiam apenas **aos pagãos, mas também aos não católicos**, lugar onde a Igreja católica não era ainda a confissão dominante.

A missão torna-se, então, a implantação da Igreja com sua hierarquia estabelecida, instrumento para a implantação do Reino da Igreja.

Historicamente, houve muitos problemas. Na reforma da Igreja **do papa Gregório VII**, no séc. XI, tinha proibido aos leigos a pregação da Palavra de Deus.

c) *Na Idade Moderna*, a Igreja Católica defronta-se com a modernidade: **com a Reforma Protestante, com o Iluminismo, com a Revolução Francesa, com a consagração dos direitos humanos.**

Com o surgimento do protestantismo no séc. XVI aumentou, na Igreja católica, o desnível entre o clero e os leigos. O clima reinante na Igreja católica era *de defesa e de ataque*, influenciando negativamente todo movimento missionário, a ponto de ter chegado, na segunda metade do século XVIII, a um verdadeiro declínio.

Entre os séculos XVIII e XIX a Europa se considera e se projeta como "centro" do mundo e dos povos, com sua cultura, como "modelo" de civilização para o resto do planeta, cujos habitantes são considerados "selvagens" – *transformando os missionários em agentes da empresa imperialista ocidental.*

Mas a Missão era fundamentalmente dos Religiosos Missionários. Os Leigos eram ignorados. E a tal ponto o problema chegou que o **papa Gregório XVI,** em sua Bula de 1834, declara: "Ninguém pode duvidar que a Igreja está fundada sobre a desigualdade de seus membros, na qual uns foram chamados por Deus para dominar e outros para obedecer; estes últimos são os leigos, aqueles são os eclesiásticos".

d) O **século XIX é considerado o "século das missões".** Com o desenvolvimento dos transportes e da comunicação permitiu que o movimento missionário se espalhasse pelo mundo inteiro. É então que iniciam numerosas **Congregações religiosas** com o carisma *Ad gentes* e, na esteira deste renovado ardor missionário, **aparecem os leigos**, que participam direta ou indiretamente da missão da Igreja.

A renovação missionária surge com a restauração dos jesuítas em 1814, o entusiasmo missionário do papa Gregório XVI e a renovação da Sagrada Congregação para a Doutrina da Fé com o apoio de quatro papas: Gregório XVI, Pio IX, Leão XIII e Pio X.

e) O Concílio Ecumênico Vaticano II. Nesse momento histórico, marcado por **grandes mudanças e enormes desafios**, tanto na reflexão pastoral como missionária, o Concílio ajudou a Igreja a amadurecer no conhecimento da complexa realidade humana e de sua responsabilidade no serviço ao mundo.

É o Decreto **Ad Gentes** do Concílio Ecumênico Vaticano II, que fala da atividade missionária da Igreja. Aqui sintetiza este um novo jeito de interpretar a *fundamentação teológica da missão na Igreja*.

O Concílio desloca a missão da Igreja da pura necessidade antropológica: *conversão, salvação das almas, implantação da Igreja*, para a dimensão teológica, ou seja, **a missão tem sua origem no coração de Deus**.

A Trindade é a origem e a fonte da Missão porque é *amor e vida*. Deus é o Missionário por excelência. Por Jesus, está sempre convocando para a Missão. A Igreja é Missionária *enquanto participante da vida trinitária* e é companheira de caminhada de todos os povos, procurando, junto a eles, *o verdadeiro sentido da vida, da história, da construção do Reino de Deus*.

No Decreto **Ad Gentes**, vemos apontados **três ideais fundamentais** que clareiam o **conceito de missão** e **da atividade missionária:**

1) **a necessidade missionária é de todos;**
2) a tomada de consciência de que o cristianismo, a **fé em Jesus Cristo e em seu Evangelho é universal;**
3) que a Igreja, por meio de sua atividade evangelizadora, **ocupa-se da vida do ser humano:** de sua existência, de sua dignidade pessoal, de sua perfeição social, de sua liberdade social.

A missão não está mais restrita ao anúncio e à implantação da Igreja, mas envolve o **trabalho em prol da justiça, da paz e da libertação integral**.

f) Destacamos os principais **Documentos Missionários**:

– A Exortação Apostólica ***Evangelli Nuntiandi*** do mesmo Paulo VI (1975), resultado do Sínodo dos Bispos de 1974 e definida como "Magna Carta da Evangelização";
– A encíclica **Re*demptoris Missio*** do papa João Paulo II (1990), promulgada por ocasião dos 25 anos do Decreto Conciliar *Ad Gentes* e dos 15 anos da *Evangelli Nuntiandi*.
Foi ela que ajudou a esclarecer dúvidas e ambiguidades a respeito da *missão Ad Gente';* seja por causa das significativas mudanças ocorridas na década de 80, como de novas ideias teológicas que estavam surgindo, questionando, de diversas formas, a missão *aos não cristãos*.

g) Nova Evangelização. Em 1979, em sua viagem apostólica à Polônia, João Paulo II usa, pela primeira vez, a expressão ***Nova Evangelização***. Tal ideia marcará a pregação do Pontífice durante seus anos de pontificado e será também motivo de diversas interpretações, até levantar certa suspeita de querer desenvolver um *projeto missionário de restauração e de uma **"nova cristandade"***. Hoje, considero esse projeto coisa do passado.

h) Os Documentos da Igreja na América Latina – Medellín (1968), Puebla (1979), Santo Domingo (1992) –, em plena sintonia com o Vaticano II, permitiram às Igrejas desenvolver uma "teologia inculturada"; e apareceram as diretrizes para uma profunda renovação da vida eclesial das Igrejas no Continente.

i) O **Grande Jubileu do ano 2000** marcou simbolicamente a passagem do segundo para o terceiro milênio, com a consciência de sua responsabilidade diante dos povos e da humanidade como um todo. A Igreja deve trilhar um ***caminho***

de conversão, que a impeça de se instalar na comodidade, que a *livre de falsas seguranças e do orgulho de possuir toda a verdade, que a ajude a abandonar as ultrapassadas estruturas que já não favorecem a transmissão da fé.*

y) Mas será a **V Conferência de Aparecida (2007)**, tendo como tema ***Discípulos e Missionários de Jesus Cristo, para que nele todos tenham vida***, que resgatará a visão de uma ***Igreja que é missionária por sua natureza***. A **dimensão missionária** deve impregnar todas as estruturas eclesiais: os planos pastorais das dioceses, das paróquias, das comunidades religiosas, dos movimentos etc.

3.4 – Para onde vai a missão?

Novos caminhos e novos contextos buscam olhar o terceiro milênio como ponto de chegada e ponto de partida para a missão da Igreja, apontando as linhas de ação e as características fundamentais da missão para os tempos atuais.

a) O **Papa Francisco, na *Evangelli Gaudium*** (2013), pede que a Igreja missionária envolva-se com o mundo, com a humanidade, com cada ser humano para atender a seus anseios de vida. Uma Igreja **em saída** que como comunidade missionária, com suas obras e seus gestos, entre na vida diária dos outros, encurta as distâncias, abaixa-se, se for necessário, até a humilhação, e assume a vida humana, tocando a carne sofredora de Cristo no povo. Incentivada pelo Papa Francisco, a Igreja é fortalecida para **uma nova esperança e "sair em direção aos outros para chegar às periferias humanas".**

b) As **linhas fundamentais da Missão,** no olhar do **Papa Francisco**, são:

1) ***a inculturação:*** colocando-se em favor da dignidade humana e da valorização do ser humano, resgatando o devido "valor dos corpos";

2) *a libertação:* vendo as periferias onde a população enfrenta o preconceito por parte do centro e o abandono por falta de políticas sociais do Estado em relação a: educação, saúde, trabalho, assistência social, previdência social, justiça etc.;

3) **resgatando o espaço para a ação evangelizadora dos leigos e das leigas** – assumindo o papel que o Vaticano II lhes conferiu – e pelo **testemunho**, que seja o primeiro meio de evangelização que permite abrir o caminho para o anúncio explícito do Evangelho.

4) **o diálogo inter-religioso** permite que a prática missionária, conduzida pelo Espírito Santo, avance e desenvolva a dimensão profética, alcançando novas fronteiras missionárias –, *"pois o que nos une e maior do que o que nos separa"!*

5) e a descoberta de **novas fontes de espiritualidade**, para *revigorar o ardor missionário.*

3.5 – Conclusão da caminhada histórica

Acabamos de ver uma **visão panorâmica da missão e da atividade missionária da Igreja**.

Reconhecemos que a **Igreja em sua caminhada histórica e sua atividade missionária** teve muitos avanços e retrocessos.

Ressaltamos:

1) *Empreitada desafiadora*
Após o **Concílio Vaticano II**, intercalado de luzes e sombras, anseios e resistências, hoje nos encontramos diante de uma **empreitada desafiadora**, e a missão da Igreja precisa ser constantemente **repensada e renovada**.

2) *Direito e dever fundamental*
Aprendemos que a atividade missionária é um direito e um dever fundamental de todos os batizados, de todos os membros do Povo de Deus, dando razão de sua fé em Jesus Cristo em todos os lugares. Esta temática é relevante e fundamental para a ação evangelizadora da Igreja nestes tempos desafiadores e esperançosos:

Desafiadores, porque falar de missão é falar de um *processo dinâmico permanente de saída* para as periferias do mundo: para os lugares de sofrimento, de dor, miséria, opressão, injustiças, tornando realidade a boa notícia do reinado de Deus.

Esperançosos, se a Igreja se colocar no processo de renovação desencadeado pelo Papa Francisco: *ser uma Igreja em saída para as periferias – tendo-se em conta que a Igreja não existe para si mesma.*

3) **Como *motivar*?**

Para **motivar os discípulos – missionários** devemos, como início do processo, realizar um *encontro pessoal com Jesus Cristo*.

"Conhecer a Jesus Cristo pela fé é nossa alegria; segui-lo é uma graça" (DA 18).

– Somente pode anunciar Jesus Cristo **quem o conhece, se apaixona por Ele e opta por colocá-lo no centro de sua vida.** A vida cristã se resume no seguimento de uma pessoa: *Cristo Jesus*. Mas isto é o fundamental.

– Num segundo momento vem **a vivência comunitária e a participação nos vários ministérios**; pois ser cristão é pertencer a uma comunidade eclesial. "Segui-lo é uma graça."

– Como terceira etapa vem a **formação bíblico-teológica e catequética: urge aprofundar o conhecimento da Palavra de Deus e os conteúdos da fé**; precisamos dar razão da nossa esperança, como diz Pedro em sua carta; e é a condição para o amadurecimento e crescimento espiritual, pessoal e comunitário.

– A quarta etapa é **o compromisso missionário de toda a comunidade**; pois a identidade e prioridade de *toda a Igreja é evangelizar.*

4) ***Espírito Missionário de toda a Igreja***

Mas foi com o **Papa Francisco** na **Evangelii Gaudium** (2013), e continuando a temática do Documento de Aparecida (2007), que se reanimou o **espírito missionário em toda a Igreja**. É bonito ver como as paróquias se movimentam no esforço de criar as "Paróquias Missionárias" e animar a criação dos "*Missionários Leigos*".

E um acento especial do Papa Francisco é: "**para manter vivo o ardor missionário, é necessária uma decidida confiança no Espírito Santo,** *porque Ele vem em auxílio de nossa fraqueza*. Mas, essa confiança generosa tem de ser alimentada e, para isso, precisamos invocá-lo constantemente. Ele pode curar-nos de tudo o que nos *faz esmorecer o compromisso missionário*" (EG 280).

E agora, mais uma **grata surpresa do Papa Francisco**. No dia em que a Igreja celebrava a *Jornada Missionária Mundial*, propôs celebrar **um "Mês Missionário Extraordinário" em outubro de 2019**. O grande objetivo do Papa é **"alimentar o ardor da atividade evangelizadora da Igreja"**.

4
MARIA, MÃE E MISSIONÁRIA

1. **Maria de Nazaré é Mãe** escolhida por Deus para ser Mãe do Salvador. E ela aceitou e deu seu SIM (Lc 1,26-38). Ela esteve sempre intimamente unida ao Pai em seu projeto de enviar seu Filho ao mundo para a salvação da humanidade e acolheu com fé este plano salvador de Deus.

Maria de Nazaré teve uma missão única na história da salvação, concebendo, educando e acompanhando seu Filho até seu sacrifício definitivo. Ela se torna *filha bendita* por meio do amado Filho! É a *primeira discípula* de seu Filho Jesus Cristo.

Maria de Nazaré **nos ensina a ter fé**. Ela conservava no coração tudo o que ouvia e via, e por isso foi feliz, porque acreditou (Lc 1,45). Ela acolheu o Verbo encarnado em seu ventre e a partir de então passou a realizar a peregrinação da fé, seguindo seu Filho. Maria está sempre envolta dessa presença do mistério divino, desde seu SIM, pelo qual tornou-se a mãe do Salvador (Lc 1,26-38) até seu SIM dolorido e sofrido aos pés da cruz de Jesus (Jo 19,25-27).

2. **Maria é Missionária,** que cumpriu a maior missão, que foi nos dar Jesus, o Salvador. Maria é também a primeira evangelizada (Lc 1,26-38) e a primeira evangelizadora (Lc 1,39-56). Maria de Nazaré é "a máxima realização da existência cristã como um viver trinitário de 'filhos no Filho' nos é dada na Virgem Maria que, por meio de sua fé (cf. Lc 1,45) e obediência à vontade de Deus (cf. Lc 1,38), assim, como por sua constante meditação da Palavra e das ações de Jesus (cf. Lc 2,19-51), é a discípula mais perfeita do Senhor".

Ser missionário é ser como Maria disposta a lançar-se na grande aventura de crer e com ela, afirmava São João Paulo II, "aprendei também vós a dizer o 'SIM' de adesão plena, alegre e fiel à vontade do Pai e ao seu projeto de amor". Reconhecemos em Maria o autêntico itinerário que cada batizado deve trilhar para viver como missionário.

Maria de Nazaré é *a mais perfeita missionária da Igreja*. Maria torna-se o primeiro membro da comunidade dos crentes em Cristo e se faz colaboradora no renascimento espiritual dos discípulos e também a primeira evangelizadora da Igreja. "Fazei tudo o que Ele vos disser" (Jo 2,5). A Virgem Maria, a discípula mais perfeita de Jesus, tornou-se também a mais perfeita missionária da Igreja, Mãe de todos nós, discípulos missionários de Cristo.

Maria cooperou com o *nascimento da Igreja missionária*, imprimindo-lhe um selo mariano que a identifica profundamente. Em virtude de sua maternidade espiritual, a Virgem de Pentecostes fortalece os vínculos fraternos entre nós, estimula a reconciliação e o perdão e ajuda a nós, discípulos de Jesus Cristo, a nos experimentarmos como família e Povo de Deus. E como Redentorista que sou, não poderia falar da Evangelização hoje, sem falar uma palavra sobre Maria, *a Mãe e Missionária*, que ela sempre foi e será na Igreja, pois sua missão é nos levar a Jesus e fazer tudo o que Ele nos mandou.

5

PÁROCOS MAIS MISSIONÁRIOS E MENOS CLERICAIS!

5.1 - A missionariedade do presbítero na Igreja
5.2 - A vocação e missão da Igreja
5.3 - O modelo missionário
5.4 - O excessivo clericalismo

A luta de nossos párocos é imensa. Mas o Papa Francisco, seguindo a orientação do Documento de Aparecida (2007) – do qual ele foi o "Chefe redator" –, orientou toda a vida pastoral com uma grande vertente missionária.

Ele afirma que a "alegria do Evangelho enche o coração e a vida inteira daqueles que se encontram com Jesus". Essa é o começo de sua primeira exortação apostólica, a *"Evangelii Gaudium"* (A alegria do Evangelho). É nessa encíclica que vamos aprender como ser Igreja Missionária ou Paróquias Missionárias, hoje. Essa é Igreja do Papa Francisco!

No começo da exortação, o Papa Francisco faz um chamamento a todos os batizados para levarem aos outros o amor de Jesus **em estado permanente de missão, com fervor e**

dinamismo novo. Para realizar essa tarefa, o Papa Francisco convida todos a "recuperar o frescor original do Evangelho", encontrando **novos caminhos** e métodos criativos. Ele fala até mesmo de **uma conversão do papado**, para que seja "mais fiel ao sentido que Jesus Cristo quis lhe dar" e "às necessidades atuais da evangelização".

Francisco exprime seu sonho com uma opção missionária capaz de transformar tudo, para que os costumes, os estilos, os horários, a linguagem e toda a estrutura eclesial se transforme num canal adequado para a evangelização do mundo atual, mais do que para a autopreservação.

Deus na história da salvação salvou um povo. "Não existe plena identidade sem pertença a um povo", nos lembra a LG 9. Deus quer salvar seu povo em comunidade e não sem nenhuma ligação. E a Igreja Comunidade é fundamentalmente o Povo de Deus. E na Igreja – comunidade, todos estão a serviço dos bens do Povo de Deus.

5.1. A missionariedade do presbítero na Igreja

É, hoje, um grande desafio, que vai além da rotina paroquial.

A missão permanente encontra na vida do padre um eco que anima os demais membros da Igreja para que, como discípulos missionários, contagiem sua comunidade, com a generosidade de uma vida totalmente dedicada ao Reino de Deus. É o próprio Cristo que envia e constitui os ministros de sua Igreja, mediante o dom do Espírito Santo.

– O presbítero **exercitará sua vocação missionária** pelo múnus de ensinar, santificar e governar.

– Não podemos permanecer com *uma pastoral apenas de conservação* e *das celebrações dos sacramentos e sacramentais*. Dessa forma continuaremos atingindo apenas aqueles que participam de nossas comunidades.

– Necessitamos ir **mar adentro para águas mais profundas**, para chegar a outras pessoas e situações que também têm o direito de encontrar-se com Jesus Cristo.

– À luz do Documento de Aparecida necessitamos de *novos métodos de evangelização*, para que nossos presbíteros sejam autênticos discípulos-missionários de Jesus Cristo indo ao encontro dos fiéis, de suas necessidades, sempre anunciando e testemunhando Jesus Cristo, que está no meio de nós. Por isso o sacerdócio exige um *despojamento total e um engajamento no agir e na pessoa* de Jesus Cristo, Sumo e Eterno Sacerdote.

– Ao dever de governar compete: a indispensável **preparação e a organização das missões nas comunidades eclesiais e nas paróquias.** Uma boa preparação e uma organização clara da missão já constituem um penhor de êxito frutuoso. Obviamente, o primado da graça não pode ser esquecido, deve ser evidenciado; pois o Espírito Santo é o primeiro operador missionário.

– Não tenhamos dúvida que a formação missionária dos futuros padres **começa nos Seminários**, seja pelas experiências e dinâmicas missionárias, seja pela direção espiritual.

– Se a Igreja quer empenhar-se, com renovado ardor e urgência, na missão ad gentes é urgente uma evangelização missionária dirigida a seus batizados, de modo particular àqueles que se afastaram da participação na vida e atividade da comunidade eclesial.

– Essa é uma urgência missionária que exige uma renovação da pastoral, pois a paróquia deveria sentir-se em **missão permanente**.

5.2. A vocação e missão da Igreja

Começa "pelo exercício da maternidade da Igreja"', que se dá pelo exercício da misericórdia. Só a misericórdia "gera, amamenta, faz crescer, corrige, alimenta, conduz pela mão". Por isso, faz falta uma Igreja capaz de redescobrir as entranhas maternas da misericórdia. Sem misericórdia temos, hoje, poucas possibilidades de nos inserir em um mundo de "feridos".

"Quando lemos o Evangelho, encontramos uma orientação contundente: não tanto aos amigos e vizinhos, mas, sobretudo, aos pobres e enfermos, aos costumeiramente desprezados e esquecidos, àqueles que 'não têm com que recompensar-te'" (EG 48). Urge, na palavra do Papa, criar uma **Igreja Samaritana e Missionária**.

a) Criar a **Igreja Samaritana**: "Vejo com clareza que aquilo de que a Igreja mais precisa hoje é a capacidade de curar as feridas e aquecer o coração dos fiéis, a proximidade. Vejo a Igreja como um hospital de campanha depois de uma batalha", palavras do Papa Francisco. De uma Igreja fechada na sacristia a uma Igreja acidentada por sair às ruas (EG 49).

b) Uma *Igreja missionária*, *"Igreja em saída"*, em Ação Missionária. "Sonho com uma opção missionária capaz de transformar tudo, para que os costumes, os estilos, os horários, a linguagem e toda a estrutura eclesial se tornem um canal proporcionado mais à evangelização do mundo atual que à autopreservação" (EG 27). O Papa desafia a Igreja a sair de si mesma, do centro, e ir para as ruas, às fronteiras: "Se a Igreja inteira assume este dinamismo missionário, deve chegar a todos, sem exceções".

5.3. O modelo missionário

O Papa Francisco ressalta, hoje:

– **Ter os olhos fixos em Jesus.** Vida interior e as múltiplas atividades pastorais e administrativas.

– **Ser uma pessoa alegre e bem humorada,** sem muitos recalques.

– **Criar relações mais horizontais, humanas e fraternas** e menos diplomáticas, autoritárias e verticais.

– **Tentações dos Agentes de Pastoral:** o Papa enumera as seguinte: *individualismo, crise de identidade, queda do fervor.*

– Quanto à **escassez de vocações** em alguns lugares, o Papa Francisco avisa que "não podemos encher os seminários **com qualquer tipo de motivação**".

5.4. O excessivo clericalismo

O Papa Francisco alerta, diante desse problema, para a necessidade de *fazer crescer a responsabilidade dos leigos*. Em muitos lugares sempre foram mantidos à margem das decisões.

Os **conselhos paroquiais de pastoral e de assuntos econômicos** são espaços reais para a participação laical na consulta, organização e planejamento pastoral das paróquias e comunidades.

Concluindo, podemos dizemos que: se a **missionariedade** é um elemento constitutivo da identidade eclesial, devemos ser gratos ao Senhor, que renova essa clara consciência em toda a sua Igreja, e *em particular nos presbíteros*.

ANEXOS

1. Compromissos da equipes
2. Celebrações nas famílias
3. Procissão da penitência
4. Ficha dos Jovens
5. Modelo de programa da Missão Leiga

1

COMPROMISSO DAS EQUIPES – CASAIS E JOVENS

(É feito numa missa da comunidade, antes da Missão e diante da Bíblia.)

Padre: Meus amigos, a Palavra de Jesus ressoa aos nossos ouvidos ainda hoje: "Ide por todo o mundo e anunciai o Evangelho. Quem crer e for batizado será salvo. Eu estarei convosco todos os dias".

Os bispos em Aparecida pediram-nos criar "Paróquias Missionárias" e comunidades formadas de "pequenas comunidades" vivas e evangelizadoras. Todo cristão é missionário desde o compromisso de seu batismo. É por esse motivo que nossa comunidade está realizando as Missões Leigas.

As Missões são este grande mutirão de evangelização. As Missões pretendem criar novo entusiasmo nas famílias de nossa comunidade.

Queremos rever nossa caminhada, nossos setores missionários, e nos unirmos, fazendo crescer nossa fé em Jesus Cristo. Desejamos também que os jovens se organizem melhor.

Queremos, desde já, agradecer imensamente a todos que vão coordenar nossas Missões.

Estamos hoje aqui para abençoar estes nossos coordenadores leigos e sabermos se eles estão dispostos a fazer tudo para que o Reino de Deus seja anunciado em nossa comunidade. Diante de Deus, de nossa comunidade e diante da Bíblia, levantando seu braço direito em direção à Bíblia, eu vos pergunto:

Padre: Queridos coordenadores, casais e jovens das Missões, estão dispostos a se consagrar a Deus e trabalhar nas Missões para serem Missionários Leigos, pelo prazo de um ano, e assim trabalhar para que o Reino de Deus aconteça em nossa comunidade de ....?

Resposta: Sim. Queremos, com a Graça de Deus.

Padre: Estão dispostos a trabalhar cada vez mais unidos para que a Palavra de Deus seja levada a todos os irmãos de comunidade?

Resposta: Sim. Queremos, com a Graça de Deus.

Padre: Estão dispostos a trabalhar para que nossa comunidade possa crescer na fé de Deus e no amor aos irmãos?

Resposta: Sim. Queremos, com a Graça de Deus.

Padre: Estão conscientes de que, apesar de fracos, podemos confiar em Deus e, rezando mais, podemos alcançar tudo o que precisamos de Deus para fazer bem nosso trabalho missionário?

Resposta: Sim. Queremos contar sempre com a Graça de Deus e a Proteção de Maria e de nosso(a) Padroeiro(a). Amém.

Padre: Aceitai, ó Deus Pai, o compromisso destes vossos filhos por um ano e abençoai-os para que sejam fiéis a eles. Deus vos abençoe † em nome do Pai, do Filho e do Espírito Santo. Amém. Agora, cada um vai tocar a Bíblia e beijá-la.

O padre e a Comunidade aceitam os vossos compromissos e vos abençoamos cantando: "Os Coordenadores serão abençoados"...

A comunidade os acolhe com uma **salva de palmas.**

2
CELEBRAÇÃO NAS FAMÍLIAS

1. Oração de boas-vindas
Coordenador: A paz esteja nesta casa!
Todos: E com todos os seus moradores!

2. Oração (rezada por alguém da família)
Seja bem-vinda, Senhora nossa e nossa Mãe! E a saudação de todos desta casa. A presença da sua imagem significa sua presença pessoal entre nós. Aceite nossa hospedagem e entre para ficar aqui definitivamente. Queremos que a Senhora viva a nossa vida e conheça melhor a nossa família, nossas alegrias e sofrimentos, lutas e vitórias. Queremos que a Senhora nos escute e nos fale, que nos ensine a melhor amar e servir a Deus, servindo nossos irmãos.

Que sua presença torne mais viva nossa fé, mais firme nossa esperança, mais forte nosso amor!

A seu exemplo, que nós sejamos mensageiros de paz e de união, trabalhando para que Cristo reine em nossos corações, em nosso lar e em nossa comunidade!

Todos: Mãe querida/ proteja esta casa,/ seus moradores/ e todas as famílias da nossa comunidade. Amém.
Pai-nosso – Ave-Maria – Glória ao Pai.
Abençoe nossa família e nossa missão.

Oração pelas Missões

Deus, Pai bondoso, que quereis a salvação e a união de todas as pessoas junto de vós, olhai por nossas famílias e por toda a nossa comunidade paroquial, que está vivendo a graça das Santas Missões. Jesus, fortalecei nossa vontade de continuar sempre nossas reuniões, refletindo, rezando e ajudando uns aos outros, como faziam os primeiros cristãos.

Espírito Santo santificador, iluminai aqueles que estão sem fé, afastados e separados da Igreja pelo pecado e pelo esquecimento. Reuni-nos todos numa família para que nos amemos como irmãos. Maria, Mãe da Igreja, alcançai-nos a graça da perseverança nesta vida de comunhão com Deus e com os irmãos. Amém.

3
PROCISSÃO DA PENITÊNCIA

Acontecerá na sexta-feira, às 5h30.
Será coordenada pelos Ministros da Eucaristia e os Coordenadores de setor.

Como se fará?
– Na igreja, às 5h30, faz-se a Oração da Manhã, no livreto "Fé e Vida", p. 36.
– Oração do "Anjo do Senhor" e "Santo Anjo".
– Todos saem em grupo na direção da casa escolhida, rezando os mistérios do Terço do dia: "Fé e Vida", p. 58ss. Na casa, faz-se a leitura do Evangelho do dia, com o comentário da *Liturgia Diária*, as Preces. Reza-se o Pai-nosso e dá-se a Comunhão. Dão-se os avisos do dia. Deve-se terminar antes das 6h30.

Obs.: dar um sinal de aviso às 5h, com o sino ou dois foguetes.

4

FICHAS DOS JOVENS

    Comunidade:
    Data:
    Nome:
    Idade:
    Escolaridade:
    Fone:
    E-mail:

    Queremos realizar um encontro com os jovens do bairro. Podemos contar com sua participação? Sim ( ) Não ( )
    – Qual seu principal hobby?
    – Como você definiria:
    a) A vida:
    b) A juventude:
    c) A ajuda aos outros:
    – Participa de alguma celebração ou missa?
    Onde?
    Que horas?
    Gostaria de participar de um grupo de jovens?

    Obs.: as Fichas das Famílias geralmente são simples e dependem das necessidades.

5
MODELO DE PROGRAMA PARA "LEIGOS(AS) EM MISSÃO"

COMUNIDADE DE_____
CIDADE _____
ESTADO_____ DATA____/____/____

MISSÃO DA VISITAÇÃO:

Deixei datas como exemplo de um Programa do ano de 20...

1-2/10: 18h30 – ORAÇÃO na Igreja ou local da Missão.
19h – VISITAÇÃO a *todas as famílias* da Comunidade.

1ª SEMANA: EVANGELIZAÇÃO NAS FAMÍLIAS E DOS JOVENS

14/10: Domingo:
19h30: MISSA e ENVIO dos Coordenadores com Quadro e Bíblia.
14/10 a 21/10: Evangelização *nas Famílias* ou grupos de rua.
15 a 17/10:
Visitação dos Jovens: De segunda a quinta-feira, às 17h30 ou 19h.

18 a 20/10:
Evangelização *dos Jovens*: Sexta-feira, sábado, domingo.
19/10: Sexta-feira: 19h, 21h30: Gincana para os jovens (música e dança, momento de lazer).
20/10: Sábado:
19h: Jovens: Arrecadação de mantimentos para os mais pobres.
19h30: Curso de Noivos (preparação do Casamento), no salão.
19h30: Curso de Batismo (preparação dos Batizados), na igreja.
21/10: Domingo:
15h: Missãozinha das Crianças, no Salão.
17h: Encontro dos Adolescentes, na sala de catequese.
19h30: Missa dos Jovens e volta dos Setores (trazendo quadro e Bíblia).
Chegada de Nossa Senhora e *Carreata* pelas ruas do bairro. Bênção dos carros, caminhões, motos etc.

2ª SEMANA: EVANGELIZAÇÃO NA COMUNIDADE

Datas a programar.
22/10: Segunda-feira:
19h30: *Terço comunitário e coroação* de Nossa Senhora.
23/10: Terça-feira:
19h30: *Encontro dos Pais e Mães*, na Igreja.
14/10: Quarta-feira:
19h30: *Celebração penitencial* para todos. Trazer "Fé e Vida".
15/10: Quinta-feira:
15h: *Missa dos Idosos e Enfermos*. *Trazer os doentes* (bênção da água, remédios, imagens e carteiras de trabalho). 19h30: *Renovação do Batismo das crianças com seus padrinhos.*
26/10: Sexta-feira:
5h30: *Procissão de Penitência* (Coordenada pelos Setores).
9h: Visita e Confissão dos Doentes impossibilitados (padre e ministros).
20h: *Procissão Luminosa* (trazer velas) com os andores de Senhora e de... (padroeiro)
27/10: Sábado:
19h: *Celebração da Fraternidade*. Trazer material (sabonetes, pastas, escovas, fraldas) para os idosos e doentes.

28/10: Domingo:
15h30: *Missãozinha das Crianças. Encontro dos Adolescentes.*
19h: Missa de Encerramento e *Missa das Famílias*, Legitimações. Bênção do Cruzeiro.
FINAL: Confraternização.

Avaliação do "leigos(as) em missão":
dia 30/10/20...., às 20h.

ÍNDICE

Prefácio de Dom Orlando Brandes 7
Apresentação do Pe. Victor Hugo S. Lapenta, C.Ss.R 9
Palavra do Autor 11

1ª Parte: Assuntos Urgentes 15
   1.1 - Ano do Laicato 19
   1.2 - Mês Missionário Extraordinário em 2019 25
   1.3 - Projeto Missionário da Igreja 27

2ª Parte: Organização da Missão 35
   2.1 - A Reviravolta 39
   2.2 - Leigos e Leigas em Missão na Paróquia 41
   2.3 - Finalidade das Missões Leigas 45
   2.4 - Equipes 49
   2.5 - Tarefas das Equipes 53
   2.6 - Formação da Liderança 55
   2.7 - A Visitação 57
   2.8 - Temas para a reflexão nas Famílias 61
   2.9 - Missão dos Jovens 65
   2.10 - Principais dificuldades encontradas 69

3ª Parte: Liturgia das Missões 71
   Missas e Celebrações 73
   3.1 - Missa do envio missionário 75
   3.2 - Celebração da Abertura – Terço Meditado 81
   3.3 - Missa da Juventude e volta da Missão nas famílias 85
   3.4 - Celebração penitencial 91
   3.5 - Renovação do batismo das crianças 93
   3.6 - Celebração da fraternidade 97
   3.7 - Missa dos doentes e idosos 103
   3.8 - Celebração da procissão luminosa e via-sacra 109
   3.9 - Missa das famílias – Encerramento 115

4ª Parte: Temas de Aprofundamento 121
    4.1 - A Evangelização na Igreja 125
    4.2 - A Liderança na Comunidade...........................129
    4.3 - Breve História das Missões Cristãs 133
    4.4 - Maria, Mãe e Missionária................................143
    4.5 - Párocos mais Missionários..............................145

5ª Parte: Anexos..151
    5.1 - Compromisso das Equipes 153
    5.2 - Celebração nas Famílias.................................155
    5.3 - Procissão da Penitência..................................157
    5.4 - Ficha dos Jovens...158
    5.5 - Modelo de Programa para "Leigos em missão"....159

MISTO
Papel produzido a partir de fontes responsáveis
FSC® C132240

A marca FSC® é a garantia de que a madeira utilizada na fabricação do papel deste livro provém de florestas que foram gerenciadas de maneira ambientalmente correta, socialmente justa e economicamente viável.

Este livro foi composto com as famílias tipográficas BernhardMod e Segoe e impresso em papel Offset 70g/m² pela **Gráfica Santuário.**